# Découvrir Montréal

### par
### la Société d'Architecture de Montréal

# Les auteurs

**Ray Affleck** est l'un des associés de la firme "Arcop" et fut l'architecte responsable de la construction de plusieurs édifices importants de Montréal et en particulier de la Place Bonaventure.

**Pierre Beaupré** travaille maintenant comme architecte à Montréal après quelques années de travail et d'études dans diverses villes européennes.

**Claude Beaubien** est architecte et président de "Destination-Habitat", une corporation sans but lucratif responsable de la rénovation de quelques maisons à loyers modiques et engagée dans une étude théorique des problèmes de restauration.

**Richard Bisson** travaille présentement comme architecte et urbaniste après quelques séjours d'étude en France et en Italie; il est aussi professeur en histoire de l'architecture.

**Melvin Charney** est professeur d'architecture à l'"Université de Montréal" et s'intéresse particulièrement à l'aspect social ainsi qu'aux expériences nouvelles en architecture. Il est l'auteur d'une publication sur l'architecture au Québec.

**Clément Demers** travaille au "Service d'urbanisme et de l'habitation de Montréal" et y est responsable de diverses études sur la préservation des bâtiments.

**Michael Fish** est président des "Amis de la gare Windsor" et directeur de "Sauvons-Montréal." Il est de plus l'auteur de plusieurs articles sur la sauvegarde du patrimoine montréalais.

**Didier Gillon,** de la firme "Gillon et Larouche", architectes et urbanistes, est responsable de la conception de plusieurs projets, aussi bien au pays qu'à l'étranger.

**Thomas Gluck** fut, lorsqu'il était étudiant, responsable du projet "Opération Saint-Antoine", un projet expérimental en rénovation, réalisé au sein de l'école d'architecture de l'Université McGill.

**Roger Gratton** travaille au Service d'urbanisme et de l'habitation de Montréal et y est responsable de projets de rénovation urbaine et des études de transports.

**Phyllis Lambert** fut, entre autres, responsable de la conception du centre "Saidye Bronfman". Elle siège au comité exécutif de "Sauvons Montréal" et rédige actuellement un livre sur les édifices en pierres grises de Montréal.

**Jean-Claude Marsan** est professeur à l'Université de Montréal et chargé de cours à l'Université du Québec. Il est, de plus, l'auteur d'un livre récent sur l'histoire de l'architecture et de l'urbanisme à Montréal: "Montréal en évolution."

**Josette Michaud** a travaillé quelque temps à Paris et à Londres et est actuellement à l'emploi du "Service d'urbanisme et de l'habitation de Montréal".

**Clive Russell** fut responsable de la conception des parcs communautaires du secteur "Milton-Parc". Il a en outre travaillé à la restauration du secteur de la rue Crescent.

**Guy Trudelle** est directeur du département d'architecture du "Cegep du Vieux-Montréal". Il est depuis longtemps un ardent défenseur du caractère du Centre-Est qu'il décrit ici.

**Jacques Maassen** fut, lorsqu'il étudiait à McGill, responsable du projet "Loge-Peuple" de Pointe-Saint-Charles. Il est depuis, impliqué dans plusieurs projets de restauration en tant qu'architecte et entrepreneur.

**Denys Marchand** est actuellement chef de la division de l'aménagement urbain au "Service d'urbanisme et de l'habitation de Montréal".

**Blanche L. Van Ginkel,** de "Van Ginkel Associates", a été impliquée dans plusieurs études d'urbanisme pour le centre-ville de Montréal. Son agence a, de plus, récemment préparé un plan pour "Midtown-Manhattan" à New-York.

*Coordination:* Pierre Beaupré et Annabel Slaight
*Conception graphique:* Ron Butler
*Cartes:* Pierre Beaupré

Copyright© 1975 Les Éditions du Jour inc.
Tous droits réservés
Dépôt légal, 1er trimestre 1975
Bibliothèque Nationale du Québec
ISBN: 0-7760-0656-8

# Table des matières

Ce livre s'adresse aussi bien au voyageur en pantoufles qu'à celui qui voudrait l'utiliser comme guide de ses promenades à travers la ville. Le lecteur y trouvera non seulement un aperçu de l'histoire de l'architecture de la ville, mais une meilleure compréhension de la ville elle-même.

Les textes et les cartes qui les illustrent devraient permettre au lecteur de localiser aisément tous les bâtiments intéressants des secteurs décrits.

Montréal possède un excellent système de transport en commun; les stations de Métro ainsi que quelques trajets d'autobus ont été indiqués de sorte que le visiteur puisse aisément revenir à son lieu d'origine au terme d'une promenade.

Les symboles suivants ont été utilisés sur les cartes.

 Stations de Métro

(180) Trajets d'autobus

•••• Promenades suggérées

•••• Promenades secondaires

✕ Points de vue intéressants

échelle: chaque division indique 100'-0''

Les chapitres 2, 9, 10 et 12 ont été écrits en anglais; traduction de A. Michaud.

Page couverture: L'église St-Enfant-Jésus du Mile-End
Photo de Thom Burston

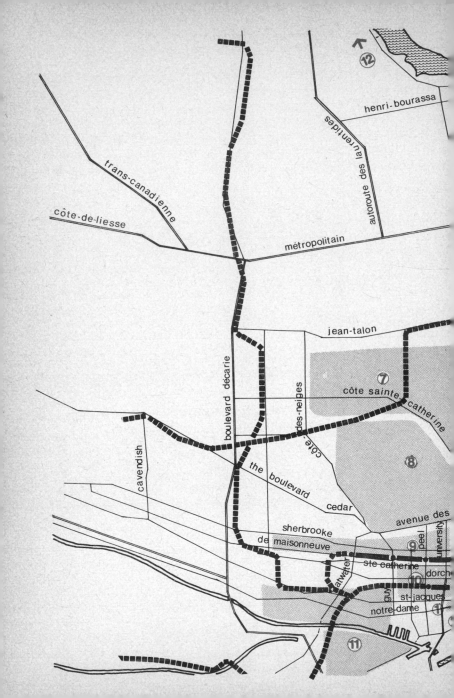

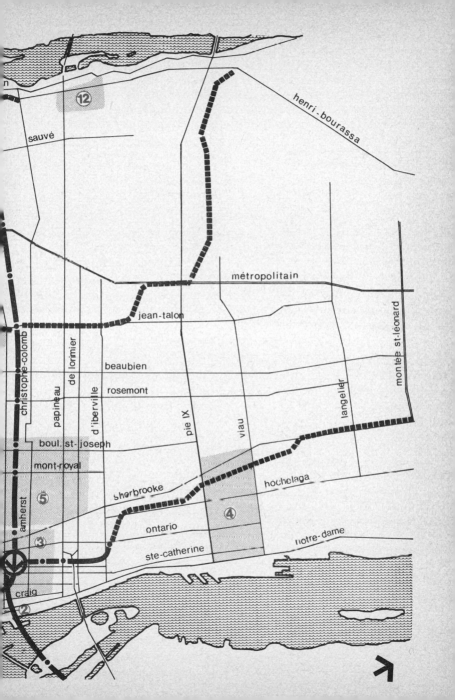

# Introduction:

## Montréal en quelques pages

**Jean-Claude Marsan**

Lorsque les historiens de Montréal se pencheront sur notre temps, ils auront à résoudre un dilemme. Quels événements retiendront-ils comme les plus marquants de notre époque? Les grandes aventures de l'Expo 67 et des Jeux olympiques 76, ces joyaux, (selon l'expression du cinéaste Michel Régnier), du « Montréal, Acropole d'un prince fou semeur de briques et d'aluminium »? Ou cette prise de conscience collective, cet intérêt nouveau, responsable et passionné, des Montréalais pour leur ville?

Le présent guide reflète cet intérêt. Chaque auteur a choisi un thème, un secteur ou une rue et nous en livre ici la substance, toujours sans prétention, le plus souvent avec un amour profond du milieu.

Le lecteur s'apercevra rapidement que Montréal se révèle un milieu complexe, riche en vie, en esprit et en formes (Melvin Charney nous fait d'ailleurs voir clairement ces influences de la vie, du social sur l'architecture). A l'instar de S.E. Rasmussen parlant de Londres, il conviendra que ce type de ville organique ne peut être compris sans un fil conducteur, sans un aperçu global de son évolution dans l'espace et le temps. Voici, en quelques pages, quel fut le développement de Montréal.

Les aborigènes avaient donné à l'île montréalaise le nom de « Tiotiake », ce qui signifie « l'Île entre les rapides ». Situation géographique privilégiée car non seulement l'île se trouve placée au carrefour de grandes voies d'eau, à savoir le Saint-Laurent, le Richelieu, l'Outaouais, mais les rapides de Lachine perturbant le cours de la Grande Rivière, elle s'impose comme la clé de ce réseau fluvial, comme un centre obligé de transition. Ainsi les marchandises venues de l'Est comme de l'Ouest seront entreposées à Montréal et les explorateurs, les immigrants et les visiteurs s'arrêteront à cet ultime terminus océanique qu'Arthur Lower a pertinemment qualifié de Shanghai canadien. Ceci se reflète dans l'architecture et l'environnement montréalais et dans son caractère cosmopolite que Josette Michaud nous fait apprécier en nous guidant le long de l'avenue de l'Esplanade.

À la fin du régime français (1760), la ville de Montréal n'occupe encore qu'une infime partie de l'île, soit la partie qui correspond maintenant au territoire du Vieux-Montréal. Petite

6

rines de la rue Prince-Arthur ▼ Le Vieux-Montréal

la maison des arts
la sauvegarde
heures d'ouverture
tous les jours
de 12 h. à 18 h.
entrée libre

▲ Le couvent Sainte-Émélie

▼ Station Rosemont                              ▲ La rue Sherbrooke

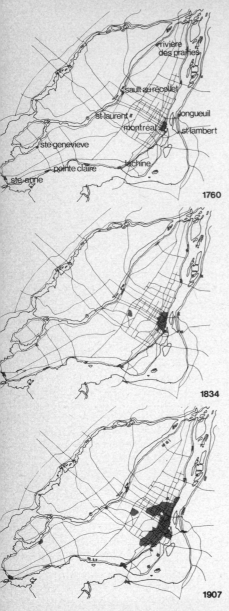

rivière
des prairies

sault au récollet

st-laurent
longueuil
montréal
st-lambert

ste-geneviève

pointe claire
lachine

ste-anne

**1760**

**1834**

**1907**

**L'urbanisation de la région montréalaise**

8

cité fortifiée, elle se distingue par ses places publiques, la place du Marché et la place d'Armes, lieux fondamentaux d'échanges économiques et sociaux et dont notre marché Jean-Talon demeure aujourd'hui le plus authentique survivant. La place et le square constitueront d'ailleurs des éléments distinctifs de l'environnement montréalais comme en témoignent la place Jacques-Cartier et les squares Viger, Saint-Louis, Victoria, Phillips et Dominion.

Durant cette période préindustrielle, l'île montréalaise apparaît essentiellement comme un territoire rural, physiquement structuré par le parcellaire de la côte et ponctué aux endroits stratégiques de hameaux et de villages tels que Pointe-aux-Trembles, Sault-au-Récollet ou Lachine. Dans la cité, dans les villages et dans les côtes, la paroisse constitue la base de l'organisation sociale et l'église, le point de mire des agglomérations. Je vous recommande, avec Phyllis Lambert, de visiter l'église de la Visitation au Sault-au-Récollet, le seul sanctuaire de l'île qui date du régime français et dont l'intérieur, témoignant de la riche tradition québécoise des sculpteurs sur bois, est l'un des plus splendides du Québec.

La paroisse reste l'élément dominant de l'organisation sociale; c'est d'ailleurs de là que notre métropole tire cette réputation, un peu surannée maintenant, de « ville aux cent clochers ». Mark Twain, le grand humoriste américain, disait ainsi de Montréal

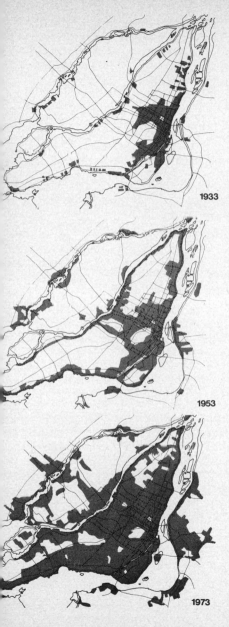

1933

1953

1973

qu'elle était la seule ville qu'il connaissait où une personne ne pouvait lancer un caillou sans briser un vitrail d'église. Et rares sont les textes présentés ici qui n'offrent pas la description d'un ou plusieurs de ces monuments, que ce soit les églises néo-gothiques Notre-Dame, Christ Church, St. George ou Saint-Pierre-Apôtre, les néo-baroques telles que Sainte-Cunégonde, Saint-Enfant-Jésus, Saint-Jean-Baptiste, ou d'autres aux styles les plus divers reflétant bien les tendances éclectiques de l'âge victorien.

Quant à la côte, que Richard Bisson nous fait connaître par sa promenade à Outremont, son influence sur l'orientation et la structuration des paysages urbains montréalais a été déterminante. Servant de support à une urbanisation rapide et incontrôlée, elle se trouve, en effet, responsable à la fois de la régularité et des irrégularités de notre grille de rues. Par exemple, les chemins de la Côte-des-Neiges, de la Côte-Saint-Antoine, de la Côte-Saint-Luc, de la Côte-Sainte-Catherine correspondent tous à l'ancien « chemin du Roy » de ces côtes respectives. Pour sa part, la grille de rues orthogonale type de Montréal, celle que l'on retrouve à Verdun, sur le plateau Mont-Royal ou à Maisonneuve, est issue directement du patron de subdivision des terres à l'intérieur de la côte.

Avec le XIXe siècle, l'emploi de la machine à vapeur dans les transports met en relief la situation privilégiée de Montréal et son port connaît un essor formidable, se classant longtemps au premier rang des ports intérieurs du monde. Ceci se reflète notamment dans les grands élévateurs à grains qui masquent présentement la silhouette du Vieux-Montréal et du quartier de Maisonneuve. Le chemin de fer, compensant pour le gel des voies navigables, n'est pas en reste: notre ville devient rapidement la plaque tournante de tout le réseau ferré canadien. Lorsque le premier chemin de fer transcontinental est complété, en 1887, la gare Windsor constitue son principal terminus à l'Est.

Cette révolution dans les moyens de transport qui rend accessibles les matières premières et les marchés extérieurs, de même que la présence dans les côtes de l'île et les rangs de la plaine d'une main-d'oeuvre abondante, habile et docile, précipitent à la fois l'industrialisation et l'urbanisation du territoire. Les industries dépendant des transports lourds et des matières premières s'établissent le long du port, du canal Lachine et des rails et donnent naissance aux faubourgs industriels de Hochelaga-Maisonneuve dont nous parlent éloquemment Clément Demers et Roger Gratton et à ceux de Sainte-Anne Sainte-Cunégonde et Saint-Henri dont nous entretiennent Claude Beaubien, Thomas Gluck et Jacques Maassen. Les industries légères vont pour leur part suivre et accentuer la progression démographique axée

sur la poussée du boulevard Saint-Laurent et des artères parallèles. Guy Trudelle traite partiellement de ce secteur. Les ressources humaines et celles du milieu devenant, avec cette ère industrielle, des valeurs d'échange au même titre que les ressources naturelles, l'environnement de ces municipalités et quartiers industriels n'apparaîtra pas toujours respectueux des besoins et des aspirations des hommes.

Saint-Henri ne sera pas, toutefois, le seul type d'environnement engendré par la ville industrielle. Les riches, qui possèdent les capitaux, ont la haute main sur le grand commerce et l'industrie; ils s'établissent — à la suite de James McGill dont le domaine accueillera par la suite l'université du même nom — dans les beaux endroits, principalement sur les flancs du mont Royal. Un bon nombre habitent, à l'époque, dans le « Mille Carré Doré », à savoir dans le secteur compris, au nord de la rue Sherbrooke, entre la rue de Bleury et le chemin de la Côte-des-Neiges. C'est cette partie de la rue Sherbrooke, aujourd'hui bien transformée, que Ray Affleck nous fait visiter. Enfin, on estime qu'à la fin du XIXe siècle, 70% de toutes les richesses du Canada se trouvaient concentrées dans les mains des quelque 25,000 personnes habitant ce secteur béni. Mais comme ici, à cause des vicissitudes de l'histoire, la fortune colle aux anglophones et la misère aux francophones, Montréal connaît

Le choeur de l'église Notre-Dame ▶

10

une ségrégation territoriale lente à s'atténuer, reflètant non seulement une stratification des classes sociales, mais également une division ethnique. Gabrielle Roy a stigmatisé cette situation en une phrase: « Ici, le luxe et la pauvreté se regardent inlassablement, depuis qu'il y a Westmount, depuis qu'en bas, à ses pieds, il y a Saint-Henri. »

Avec l'apparition du transport en commun, à traction d'abord animale puis électrique, une couronne de municipalités et quartiers résidentiels (à basse densité s'ils sont riches, à haute s'ils sont pauvres) viennent entourer les premiers centres industriels. C'est Outremont, Verdun, l'agglomération du plateau Mont-Royal et les prolongements de Maisonneuve. De ces quartiers, c'est sans doute ceux du plateau Mont-Royal qui apparaissent les plus riches en vie et en formes, comme nous le montre bien Denys Marchand. Avec leur grille orthogonale de rues et de ruelles, encadrés par des façades fortement texturées, rythmés par les balcons et escaliers extérieurs, desservis par les épiceries et restaurants du coin, dominés par des « églises-cathédrales », elles-mêmes flanquées invariablement d'énormes écoles en brique rouge (mieux connues chez les enfants du nom de « prisons rouges »), ils constituent un milieu unique.

C'est sur le plateau Mont-Royal que l'on retrouve également le parc Lafontaine, ce bon exemple du parc romantique de la fin du siècle. Ce type de parc, en plus de

▲ Les écuries d'Youville

▲ L'avenue de l'Esplanade          ▼ Place Victo

▲ La place d'Armes, à la fin du XIXème siècle

▼ Le lac aux Castors

témoigner du prestige de la ville bourgeoise, constituait en quelque sorte une soupape pour la ville industrielle en assurant cette régularisation de l'environnement nécessaire à son bon fonctionnement. Le parc du mont Royal, que je vous fais visiter dans le cadre de ma promenade sur la montagne, s'inscrit dans cette conjoncture.

Pendant ce temps, la petite cité commerciale des siècles précédents se transforme en centre-ville pour répondre aux besoins de financement, de gestion et distribution de la production industrielle. Ces nouvelles fonctions chassent les fonctions résidentielles et sociales et envahissent, par le biais d'une architecture parfois très rigoureuse, tous les espaces libres, ne laissant que la rue. Même la place cède son rôle à la rue commerciale, l'échange profitant désormais de la dynamique des communications. C'est le règne de la Wall Street, et la plus remarquable est sans contredit l'artère Saint-Jacques, longtemps la principale rue financière du Dominion. Mike Fish nous fait connaître cette rue et Didier Gillon tout ce territoire du Vieux-Montréal.

Cependant, avec les nouvelles sources d'énergie (l'électricité, le pétrole), avec les nouveaux moyens de communication et de transport (le téléphone, la radio, la télévision, l'automobile), la ville connaît une expansion considérable et le centre-ville doit désormais répondre aux besoins de cette immense région. À l'étroit dans le Vieux-Montréal, il se déplace vers l'ouest et l'élargissement du boulevard Dorchester favorise ce déplacement. Mais c'est surtout la présence de terrains libres (sous forme de servitudes de chemins de fer) autour de la Gare centrale qui constitue l'élément déterminant: là sera érigée la Place Ville-Marie, suivie par la Place Bonaventure. D'autres grands générateurs d'activités, à l'instar des Places Victoria et du Canada, seront attirés par le prestige des vieux squares qui contribueront ainsi à structurer ce nouveau noyau de centre-ville. Tout ceci, vous l'apprendrez en suivant vos guides dans ce secteur, Blanche van Ginkel et Clive Russell.

**Balcon, paroisse Sainte-Cunégonde**

Le port ►

# Saisir Montréal

**Melvin Charney**

Voici quelques remarques pour vous aider à saisir l'architecture de Montréal. Je veux vous montrer ici quels mélanges de forces culturelles ont formé, et forment encore, le caractère bâti distinctif de cette ville.

Notons d'abord son cadre naturel. Montréal est une des rares villes d'Amérique du Nord qui s'apparente à son milieu géographique. Où que vous soyez dans la ville, vous voyez une montagne qui se dresse, presque en son centre; un fleuve, large, en marque les limites. Cette présence se traduit par un fort sentiment d'appartenance au lieu qui est source de vitalité et de plaisir, évident dans le caractère bâti.

Par contraste, le fleuve qui la sépare du vaste pays qui l'entoure et la montagne qui affirme la ségrégation de ses quartiers dénotent également un sentiment de déplacement qui se répercute sur sa personnalité. C'est-à-dire que tout le monde s'y sent déplacé. Vu du dehors, Montréal est à la fois le plus grand centre urbain au Canada anglais et la deuxième ville de langue française dans le monde. Elle vit dans un Québec français et pourtant une présence anglaise minoritaire y a une importance démesurée. Le Québec français est lui-même un accident dans l'histoire de l'Amérique du Nord, un vestige de l'Empire français coincé dans la partie inaccueillante et glaciale d'un continent anglais. Pendant les cent ans qui ont suivi la Confédération du Canada, en 1867 Montréal s'est développée comme premier centre commercial et culturel anglophone du Canada, tandis qu'au contraire le Québec français était systématiquement rapetissé du statut de nation fondatrice à celui de région disparate réclamant des privilèges à grands cris et vu par Ottawa comme une source d'agacement.

Vue de l'intérieur, Montréal, comme toutes les grandes villes, se compose de quartiers aux différences frappantes. Mais ici, ces différences sont visiblement marquées par la présence du Mont-Royal, autour duquel la ville a grandi: les indigènes québécois habitent surtout à l'est, les anglais à l'ouest, la classe dirigeante escalade ses pentes, mettant en évidence des forces politiques fondées sur l'apartheid socioculturel.

Ces forces, en s'imprégnant dans tout ce que l'on a bâti au point de rendre transparent une affirmation ou une négation claires des limites sociales et culturelles, contribuent à la division encore plus marquée de la ville. Ainsi, près du sommet de la pyramide sociale l'édifice de la Banque Royale du Canada, rue St-Jacques **1** (conçu en 1920 par les architectes new-yorkais Mc-Kim, Mead et White) et un édifice plus récent, la Place Ville-Marie **2** (siège de cette même banque et conçu près d'un demi-siècle plus tard par un autre architecte new-yorkais prestigieux, I.M. Pei) affichent le même formalisme autoritaire: symboles du Wall Street qui s'approprient le coeur de la ville. Et au bas de ce tas, appelé par les autres, pyramide sociale, un chômeur se traîne dans le crépuscule hivernal pour aller toucher son allocation, tombe dans l'escalier brisé de son logement et par réflexe attribue sa chute à ses origines québécoises. Il sait que l'argent qui aurait dû servir à réparer son escalier a servi à construire les tours anglaises et que la remise en état de son escalier signifierait la reconnaissance de son existence, donc sa reprise de possession de sa ville et, par là, le rapatriement du *Québec,* même s'il ne sait pas traduire ses sentiments en action politique effective.

En d'autres termes, les divisions sociales de la ville, nourries par des conflits culturels, ont

dégagé à Montréal un affrontement ouvert entre la manière dont les gens perçoivent leurs conditions de vie et leur réaction devant toute chose bâtie mettant ainsi à nu le drame de l'architecture, ses limites autant que ses possibilités.

Ce qui est certain, c'est qu'à Montréal, au contraire de la plupart des autres grandes villes nord-américaines, le sens physique fondamental provient de l'ensemble; chaque bâtiment se présente comme élément partiel qui s'ajoute au lieu de se dégager. Bien sûr, il existe des *monuments* architecturaux distinctifs. Mais c'est dans la rue que l'on rencontre une cohésion qui semble fournir un élément déterminant: un lien entre les gens, le sens de la ville façonnée par tous et qui leur appartient. Rue St-Paul, on peut retracer cet aspect collectif de la ville jusqu'aux origines de Montréal, soit au 17e siècle; attitude que les colons amenèrent avec eux comme une partie de leur bagage culturel et traduit dans ce qu'ils bâtirent.

L'histoire de Montréal étant ce qu'elle est, cet aspect collectif semble exister et persister non seulement grâce à ce qui a été planifié, spécialement ces dix dernières années, mais plus sou-

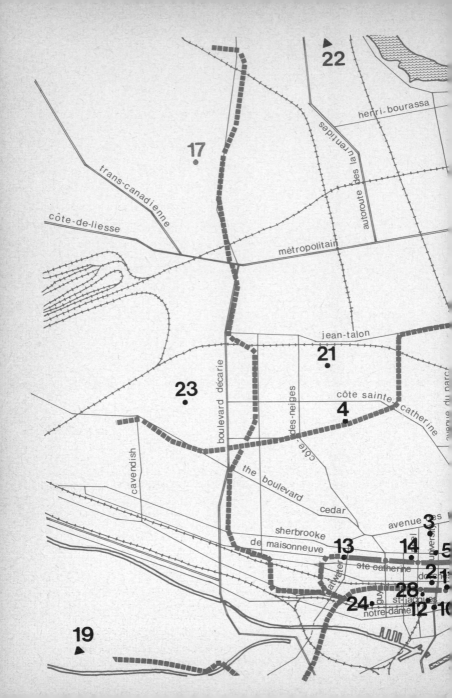

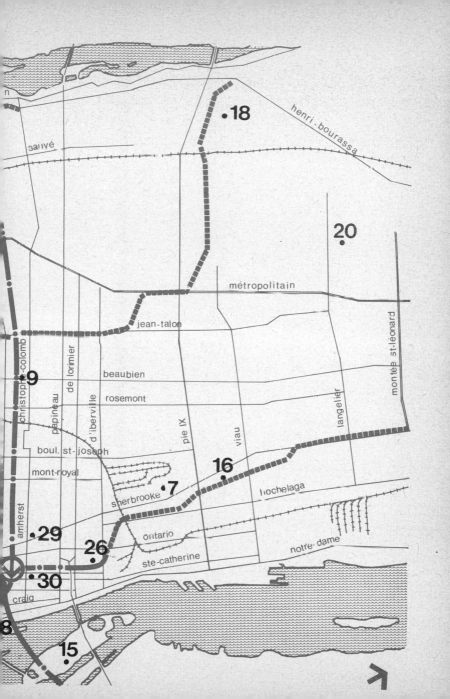

La montagne et la rue, aux environs de 1850. La rue est définie par l'écran de pierre grise des façades.

L'histoire vivante : on peut lire des chapitres d'histoire sur ces maisons du boulevard Saint-Laurent.

vent malgré ce qui a été réalisé. Plus précisément, le caractère humain significatif de Montréal provient de l'adaptation opportune du milieu, produit dans des conditions climatiques rudes, par la résistance des gens face à l'aliénation de la vie urbaine.

C'est dans les *quartiers populaires,* qui forment la plus grande partie de Montréal, qu'on peut le mieux s'en rendre compte. Vous pouvez voir dans St-Henri, Plateau Mont-Royal, Mile-End, St-Jacques, Rosemont, St-Édouard, Hochelaga, Maisonneuve et dans ce qui reste de Ste-Famille et de la Petite Bourgogne, les témoins d'ensembles d'habitations uniques datant de la première phase de l'urbanisation à grande échelle de la ville, entre 1880 et 1920.

Ces *quartiers* se sont développés à partir de la trame d'origine, le *rang,* et ont utilisé les méthodes de construction disponibles. Il en résulta une grille de rues orthogonales, plutôt dense et des enveloppes de bâtiments aux techniques avancées mais qui n'offraient

rien de plus que des abris rudimentaires. De plus, les conditions sociales et politiques de cette époque étaient tout aussi primitives. Non seulement l'industrialisation de la ville était-elle contrôlée par la minorité anglophone, alors que la masse ouvrière était des ruraux québécois, mais ces ouvriers devaient encore se soumettre aux directives de l'Église qui aspirait au rôle de protecteur de la culture catholique française contre l'assimilation, tout en collaborant avec l'élite anglaise. Comme le montre l'implantation centrale de nombreuses églises qui dominent encore les quartiers physiquement, sinon spirituellement, on surimposa sur ces quartiers en croissance une structure paroissiale néo-médiévale. Malgré les changements dus à l'industrialisation intensive de cette époque, Montréal est un des coins du monde occidental où l'élite traditionnelle du Québec pré-industriel ait conservé le pouvoir.

Les nouveaux citadins s'emparèrent, littéralement en squatters,

ansformations opportunes: la place d'Armes
t établie sur un site libéré par la disparition
une église reconstruite à proximité.

**Les murs ont la parole.**
Les pressions culturelles poussent la contestation sociale sur la ligne de feu.

de tous les logements disponibles. La mutation subséquente de ces quartiers résulta de l'adaptation de la masse ouvrière à la vie urbaine, matérialisant les liens sociaux issus de besoins communs, transformation réalisée par des artisans-entrepreneurs. Sur des rues entières, les façades de brique unie furent recomposées avec tout un déploiement d'escaliers, de fenêtres et de balcons créant une zone d'échange social intense entre chaque logement et l'espace public de la rue; la grille des rues évolua en *avenues, rues* et *ruelles* ayant chacune une connotation distincte; l'ensemble était encore densifié par un système unique de maisons sur cour dérivées des écuries: le tout rendant visible une véritable architecture — force humanisante dans une ville hostile.

Enfin, il est important de noter que l'évaluation de ces quartiers témoigne d'un sens collectif souligné par le fait que la plupart des habitants ait été (et soit toujours) locataires. En 1970, Montréal reste une ville de locataires, à 80%, alors que c'est l'inverse qui se produit dans les autres villes nord-américaines. Cependant, quoiqu'en majorité, ils ne soient pas propriétaires de leur ville, les *Montréalais* ont un vif sentiment d'appartenance et d'identité.

Au-dessus des *quartiers populaires,* plus haut sur les escarpements du Mont-Royal, nous entrons au royaume de l'architecture reflet institutionnalisé de la classe dominante. Les divisions sociales et les privilèges de classe y sont assis non seulement par la production d'objets-symboles ressemblant à des bâtiments, mais aussi par la production d'un espace comme tel accueillant ces objets-bâtiments comme les salons de la nouvelle bourgeoisie. Et les conflits culturels sont tels qu'ils tendent à exposer le contenu mimétique de toute architecture; c'est-à-dire que les métaphores culturelles sont reflétées par des ressemblances exprimées dans toute chose bâtie.

On peut voir ce qui subsiste de

**Première génération de l'habitat urbain.
L'évolution des quartiers populaires.**

Les rangs sont à l'origine de l'alignement
des rues.

L'enveloppe: une construction à parement
de brique qui est déjà l'amorce d'une solution vraiment moderne.

Une organisation rudimentaire: des habitation
en rangées très denses, s'alignent le long de
rues. — Rue Lacasse à St-Henri —

Une identité collective.
Partout ailleurs dans le monde, le 1er mai
est la fête des travailleurs; ici, c'est la fête
des déménageurs, célébrée par une pro-
cession continue de pacotilles.

Une forme collective: l'humanisatio
permet l'existence d'une zone d'écha
ge social entre chaque logement et l
rue. L'évolution d'une architecture ty
pique—balconville—sur la rue Fabre.

cette architecture canadienne-
anglaise de la fin 19e, début 20e
siècle en se rendant aux luxueuses
demeures du versant sud du
Mont-Royal, la maison Allen sur
l'avenue des Pins (3), par exemple
(devenue, au milieu du 20e siècle,
un institut psychiatrique renom-
mé). Vous avez là des décors bâ-
tards de manoirs écossais, bien
construits, mais sans aucun rapport avec la ville. Puis au milieu
de toutes ces demeures, prolon-
geant leurs parterres, se trouve le
Parc Mont-Royal, conçu par
l'architecte paysagiste new-yorkais de grande réputation, Fre-
deric Law Olmsted, parc symbole
de fierté civique florissante dans
les villes nord-américaines de
cette période de grande croissance urbaine.

De leur côté de la montagne,
les français pratiquaient le mi-
métisme à leur manière. Ainsi, en
1922, l'Université de Montréal
déménage de la rue St-Denis, au
coeur du Montréal français, pour
le versant nord du Mont-Royal
4, reproduisant le site de l'université anglaise, McGill 5 et
agissant ainsi comme bien des
élites colonisées qui tendent à
imiter les comportements de la
culture dominante. Comme si
l'élévation du niveau d'éducation
à Montréal nécessitait littéralement un déplacement vertical
près des anges.

Tandis qu'à l'Université Mc-
Gill les pavillons sont disposés
comme dans un manoir anglais,
l'Université de Montréal fut conçue comme un grand bâtiment à
la façon de Versailles. Chacun

imitait ainsi les décors idéalisés
de son ordre social respectif. Cependant, une grande part de l'architecture canadienne-française
antérieure aux années 40 fut le
résultat d'une culture isolée se
nourrissant sur ses propres modèles. Comme on peut le voir
dans un ensemble typique d'édifices religieux de la paroisse du
Mile-End 6, elle a développé ses
propres racines et un style bien
à elle. Un couvent austère et un
simple square servent de toile de
fond à la masse majestueuse de
l'église, vaguement italianisante,
canalisant des émotions répri-
mées.

On peut dire, de façon généra-
le, que l'effort de l'élite, pour
supprimer la réalité sociale de la
ville, c'est-à-dire la présence québécoise, a été tel que ce faisant
elle s'est supprimée elle-même
culturellement, comme le montre l'ennui pathologique que dé-
gage la configuration des bâtiments du pouvoir. Cela signifiait
également rayer de la conscience
collective la contribution d'autres
groupes, telle celle de la communauté juive, à ce qu'il reste des
bâtiments urbains qui ont absor-
bé l'afflux d'immigrants au début
de ce siècle.

L'avènement de l'"Architecture Moderne" dans les années 30
semble être la dernière d'une série d'innovations mimétiques
initiées par l'élite traditionnelle.
Les travaux de Marcel Parizeau à
Outremont illustrent très bien les
images austères du "Style International"

Dès les débuts de Montréal

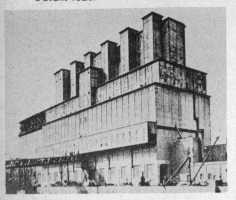

**Version montréalaise de la période héroïque de l'architecture moderne d'avant 1920.**

L'élévateur à grain no 2, signe avant-coureur d'une hardiesse architecturale.

comme ville moderne, industrielle, des signes du potentiel d'une architecture nouvelle, à l'image de la démocratie industrielle, par opposition aux jeux de style de l'élite traditionnelle, sont apparus en marge de la pratique officielle. Ainsi, l'approche toute contemporaine que l'on trouve dans le système de construction employé pour les ateliers du Canadien Pacifique **7**, construits au tournant du siècle, le plus grand bâtiment du Canada à cette époque; on retrouve ces signes dans l'élévateur à grain No 2 du Port de Montréal **8**, en service depuis 1912 et rendu fameux par le Corbusier en 1923 dans son important livre-tract "Vers une Architecture"; on les retrouve aussi dans les bâtiments situés le long des rues St-Laurent et St-Denis qui non seulement utilisaient d'une façon nouvelle un matériau nouveau, le béton, mais constituaient aussi un genre nouveau de bâtiment.

L'esprit de cette architecture nouvelle est particulièrement présent dans le style "quétaine", un genre de culture populaire québécoise émanant des principales artères des quartiers populaires — centres de la vie quotidienne. Le résultat est illustré par la merveilleuse Plaza St-Hubert **9** et ses néons, ou par les bâtiments néo-Las Vegas de la rue Sherbrooke Est — le *Sambo,* coin d'élection de la petite élite des nègres blancs d'Amérique — et de la route du Upper Lachine. Elles représentent à la fois les gens victimes de la société de consommation et leur seule façon de l'exorciser, générant ainsi une vitalité à la mesure de la distance entre les pratiques culturelles de l'élite et le mode de vie des masses.

À la fin des années 50, la transformation de Montréal de l'état de métropole à celui d'agglomération urbaine s'est accélérée rapidement (la deuxième phase d'urbanisation radicale), au point de regrouper plus de 50% de la population et des emplois du Québec. Cette période est également témoin d'une révolution culturelle, signal de la renaissance nationale et de la présence culturelle française au Québec. La *québécisation* contemporaine de la ville qui s'ensuivit signifia, entre autres, la reconnaissance que Montréal était devenue un satellite économique de Toronto, reflétant ainsi la position abigüe

24

Les usines du Pacifique Canadien, bâties au tournant du siècle par la firme montréalaise Lessard et Harris.

du Québec dans la Confédération Canadienne.

En même temps que le coeur du Canada se déplaçait vers l'ouest, à Toronto, commençait à naître à Montréal, à l'ouest de l'ancien centre, un coeur plus proche du Montréal anglophone. Ceci débuta avec la construction de la Place Ville-Marie, suivie de la Place Victoria **10**, conçue par Luigi Moretti et Pier Luigi Nervi, et d'une kyrielle de tours à bureaux, telle la C.I.L. **11**, conçue par la firme new-yorkaise Skidmore, Owings et Merrill. L'architecture de ces tours est aussi bonne, sinon meilleure, que celle de tels bâtiments construits ailleurs, en particulier la Place Victoria et sa structure fortement exprimée. Toutefois, à Montréal, l'éloquence de leurs surfaces lisses et de leurs formes bien organisées, avec

une précision toute militaire (l'architecte étranger agissant comme soldat de fortune pour les potentats locaux) exprime plus les machinations de la classe au pouvoir que les possibilités de l'architecture d'humaniser les conditions urbaines.

Ce n'est qu'après la construction du métro, en 1967, qu'apparut la portée de ce nouveau coeur: la réorganisation du tissu urbain central en une concentration de super-bâtiments reliée à une trame de transport régional par un réseau piétonnier intérieur, consolidant ainsi ce qui est maintenant connu comme la "ville souterraine" de Montréal, autre exemple d'adaptation opportune d'une importante partie de la ville.

La masse trapue de la Place Bonaventure **12**, mieux que les

25

La rationalisation d'un espace universel, les racines de l'architecture moderne à Montréal au XIXème siècle.

autres *Places,* semble répondre à ce nouveau contenu urbain, peut-être parce qu'elle fut conçue par des architectes locaux qui au moins avaient une expérience personnelle de la ville. Ce bâtiment souligne, plus clairement qu'ailleurs, le jeu des forces nouvelles en action et la contradiction inhérente entre l'architecture comme potentiel humain et le décor issu de la spéculation immobilière. Toutes ces *Places* reproduisent en des marchandises immobilières les espaces de la ville. Les "rues" intérieures sont en fait des allées marchandes de sous-sol, protégées par une police privée, enfouies sous des plates-formes construites au-dessus du niveau du sol et qui nient leur fonction publique communautaire autant que les besoins humains fondamentaux, tels la lumière naturel-

le. Et cette transformation fait partie d'un vaste processus d'appropriation de la substance urbaine, par un système de spéculation néo-capitaliste. Même le nom de *place* fut usurpé; il signifie en fait un square public et non un bâtiment. Le système d'orientation du nouveau réseau piétonnier manque de la clarté élémentaire. N'hésitez pas à demander des renseignements, vous en aurez besoin.

La portée de ces nouveaux super-bâtiments, tout comme celle de l'architecture moderne, est toujours déterminée en marge des pratiques culturelles dominantes. Bien que la Place Alexis Nihon **13** soit rarement citée comme une des réussites architecturales de Montréal, elle grouille toujours d'une foule de gens, attirés par son intérieur animé et d'accès

Bâtiment de béton armé du début du XXème siècle; premières confrontations avec la nouvelle architecture, boulevard Saint-Laurent et rue Saint-Denis.

facile. À l'intérieur, on y trouve une vraie *place* et de grandes perspectives, tant verticales qu'horizontales, sur six niveaux, de la station de métro au dôme vitré. L'ensemble se transforme en une structure urbaine radicale dans son fonctionnement, reliant directement les rues avoisinantes aux transports en commun, sur plusieurs niveaux surmontés d'un stationnement, d'un toit jardin et de plusieurs tours à bureaux et d'appartements: le tout emballé dans un ersatz d'hyper-marché dernier cri, reproduisant ainsi un produit idéal de ce système urbain.

L'expansion du coeur urbain de Montréal a malheureusement impliqué la destruction d'une grande partie de la ville héritée du 19e siècle. La récente disparition de la rue Sherbrooke de l'ancienne demeure (vieille de 104 ans) du constructeur du Chemin de fer Canadien Pacifique, William Van

Horne **14,** est typique de ce que les montréalais ressentent comme un effort concerté des riches familles, de la finance, des promoteurs et du gouvernement pour éliminer de la ville ses jalons historiques, reflétant l'aliénation d'une classe dirigeante qui n'a pas encore appris à développer une conscience sociale.

À Montréal, ce qui a disparu est aussi important que ce que l'on peut encore voir. Imaginez une série de demeures imposantes dans la plus pure tradition des terrasses anglaises, construites en 1859 par le gouverneur de la Compagnie de la Baie d'Hudson, sur la rue Sherbrooke entre Peel et McTavish; elles furent détruites par l'université McGill pour y construire un bâtiment balourd — l'école des Hautes Études Commerciales — un geste symbolique de la destruction de la rue la plus élégante du Canada.

On dirait que la destruction de

**L'urbanisation totale :**

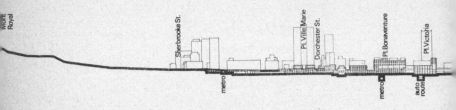

Mont Royal — Sherbrooke St. — Pl. Ville Marie — Dorchester St. — Pl. Bonaventure — Pl. Victoria — métro — métro — auto route

**Le nouveau centre de Montréal depuis les années 60.**
À l'intérieur de ce noyau, une coupe nord-sud fait apparaître la ville souterraine,
où s'imbriquent les passages pour piétons, le métro, l'autoroute trans-canadienne —
le tout sous des remblais construits au-dessus du niveau du sol.

la ville durant la dernière décade a été habilement orchestrée par l'administration municipale. Pendant qu'elle laissait se détériorer des services essentiels comme le logement et qu'elle négligeait le développement économique de la ville, le maire substituait à la démocratie la plus élémentaire et au gouvernement responsable, des grands rassemblements clownesques. Les stratagèmes de sa *politique de grandeur* incluent l'Expo '67 **15** et les Jeux Olympiques de '76 **16,** ainsi que les peintures murales, camouflages de pauvreté, le tout dirigé d'une main autoritaire.

Vus de l'extérieur, l'Expo '67 et les Jeux de '76 ont fait la renommée de Montréal. Cependant, pour la plupart des gens d'ici, tous deux sont des monuments à la gloire de ce qui n'a pas été

fait, et de ce que l'on ne fait toujours pas, dans la ville. On peut en voir la portée architecturale dans ce qu'il reste des pavillons de *Terre des Hommes.* Littéralement des millions de dollars de ferraille rouillée dorment oubliés derrière les grilles d'un parc que l'on aurait dû retourner à l'usage public. L'architecture dominante à Montréal, comme ailleurs au Québec, a trop souvent été basée sur un gaspillage des deniers publics. Le budget annuel de la ville pour l'habitation représente à peu près la moitié du déficit de l'entretien de *Terre des Hommes.*

Quant aux Olympiques, pendant que l'administration de la ville élaborait des plans avec le secret qui entoura ceux du bombardement de Pearl Harbor, elle volait à la communauté un grand parc pour en faire le site du villa-

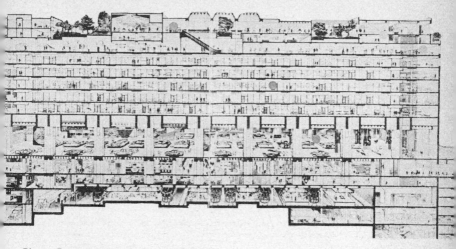

Place Bonaventure: dans un de ces remblais artificiels on trouve un super-bâtiment, la masse de béton ignore complètement la ville qu'elle laisse à elle-même sans regrets.

ge olympique. Alors que Montréal est notoirement connue pour son manque d'espaces verts et de lieux de récréation. Ce que les gens vont en tirer, c'est un stade olympique qui sera construit à un coût non publié, dans le style coliséc romain pour les gladiateurs, perfectionné par le système Beaux Arts français fin 19e, modernisé à Nuremberg en 1936 et adapté aux surfaces lisses du goût actuel et de la technologie du gadget.

Entre-temps, la ville continue d'être le paradis des spéculateurs. Alors que la plupart des centres urbains du monde occidental ont maintenant planifié leur croissance, Montréal n'a encore rien fait

pour restreindre le dévelopement de type *laissez-faire,* ni même soumis au public un plan directeur. L'argent afflue des quatre coins du monde occidental pour exploiter ce filon urbain, qui rappelle les ressources naturelles du Québec bradées sous le régime Duplessis.

On observe ce processus, de la façon la plus dramatique, dans l'histoire du logement à Montréal. Alors que 80% de tout ce qui a été construit pendant les dix dernières années sont des une chambre à coucher ou des studios, la ville, encouragée par les gouvernements, laisse se délabrer la plupart des maisons encore so-

Montréal au cours des années 70: une ville à vendre.

lides, de moyenne densité, à bon marché, datant de la première phase d'urbanisation et adaptées à une grande partie de la population. Ils repoussent ainsi les familles ouvrières vers les banlieues ou le logement public, détruisant le contenu humain irremplaçable de Montréal. Les gouvernements successifs ont aidé à cette destruction en utilisant le besoin fondamental des gens à se loger pour relever une économie de marché défaillante, subventionnant la croissance des banlieues.

La deuxième poussée massive de construction domiciliaire qui ait déferlé sur la ville date du milieu des années 50, période pendant laquelle la population de la ville a doublé. On peut en voir des exemples dans deux types de milieu, tous deux issus de l'intervention gouvernementale et lourds en conséquences sociales. Le premier, à Norgate **17**, St-Léonard **18**, Ville LaSalle **19**, Montréal-Nord **20** ou autour des rues Barclay et Linton **21**, présente une évidence largement répandue de taudis instantanés d'un grand profit pour les entrepreneurs qui les ont construits, mais qui sont des cités dortoirs, véritables bourbiers sociaux.

Le deuxième, le plus répandu, le rêve canadien, est moins une maison comme telle qu'un mode de vie de banlieue, conforme à l'image de la maison insufflée

**Deuxième génération de l'habitat urbain.**

Paradis subventionné par les gouvernements: l'habitation conçue pour accommoder la population urbaine indigente utilisant les modèles semblables à ceux des taudis de l'époque industrielle et à l'image idéale de l'administration bureaucratique déshumanisante.

Paradis des spéculateurs: le style international du dollar vite fait, les taudis urbains instantanés du secteur des rues Guy et Maisonneuve sont devenus choses courantes.

dans les aspirations du monde occidental; lieu idéal de consommation que la plupart des familles montréalaises ont du mal à s'offrir, mais si bien apprécié des banquiers. On peut en voir les meilleurs exemples dans les banlieues plus cossues, telles Laval-sur-le-lac **22** ou Hampstead **23**; deux banlieues maintenant intégrées dans la communauté urbaine de Montréal, à la suite de l'élargissement administratif de la métropole sur l'arrière-pays. Vous y trouvez la culture canadienne dominante à son faîte,

pièces néo-Frank Lloyd Wright ou néo-seigneurial-québécois, selon les goûts, derniers produits de l'industrie du rêve, aussi vraies que les valeurs sociales qu'elles véhiculent qui sous-tendent la société de consommation. Le style répandu néo-québécois — maison de banlieue au toit de grange — est finalement très efficace pour récupérer les signes d'un réveil de la conscience nationale.

La création du Service de l'Habitation de la Ville de Montréal en 1967 a amené plus récemment

Territoire "Bungaloïde": rêves de banlieue, néo-Frank Lloyd Wright, accessible
à quelques-uns (Hampstead), versus la
réalité des unités minimales subvention-
nées par le gouvernement pour les masses (Fabreville).

une nouvelle option. Vous pouvez en voir les débuts dans un des
premiers projets, les Ilots St-
Martin **24**. On a essayé là de ré-
utiliser des maisons existantes en
y intégrant de nouvelles constructions, pour reloger les gens qui
habitent ce quartier. Mais, ensuite, les gouvernements ont construit l'autoroute transcanadienne
pratiquement au-dessus, ignorant
ainsi de façon étonnante les gens
bénéficiant des programmes de
logement de la ville.

Au début des années 70, selon
les sources mêmes de l'administration municipale, il existe plus
de 100,000 logements familiaux,
solides et bon marché nécessitant
des réparations. Malgré cela, il
n'y a encore aucun programme
de rénovation cohérent qui soit
en cours.

Les fenêtres barricadées des
maisons abandonnées apparaissent de plus en plus dans les rues,
monuments aux trusts qui ont
saigné à blanc ces propriétés. Il
faut à nouveau en tirer que tout
effort valable pour humaniser la
ville vient de la base. Ce sont les
petites gens qui, malgré les conditions dans lesquelles elles vivent,
essayent d'améliorer leur environnement, certaines avec l'aide
d'architectes. Allez voir le pâté
St-Dominique, De Bullion, avenue des Pins **25**. Vous y trouverez des maisons rénovées par de
nouveaux immigrants menés par
un homme qui travaille comme
concierge à la Place Ville-Marie.

Les expériences d'architecture
les plus avant-gardistes se font
toujours dans les coins pauvres de
la ville. Rue Provençal **26**, vous
pouvez voir une maison assemblée par son occupant à partir de
matériaux de récupération et de
pièces d'automobiles ramassées
dans des dépotoirs. Elle trône
comme un monument à la sensibilité du 20e siècle. Comme si le
modernisme véritable n'était pas

32

montréalaise sur deux voies
tinctes.

La première a émergé de la ré-
*ution tranquille* qui a eu lieu
1s les années 60. Elle corres-
1d à la volonté d'une élite ca-
lienne-française de moderni-
le Québec, tout en maintenant
tatu-quo politique.
En architecture la conception
Complexe Desjardins 27 en
le meilleur exemple. Cet en-
1ble de tours à bureaux et
ôtel, bâti pour des millions
iollars, est semblable à ceux
a partie anglaise de la ville,
is il a été conçu et financé par
intérêts canadiens-français.
n que ces bâtiments aient une
sence physique plastiquement
s forte que les tours situées à
iest, l'axe principal traversant
*galerie* couverte, la première
lontréal qui soit à l'échelle de
ue, le complexe s'approprie la

ville comme ses semblables de
l'ouest ne faisant que remplacer
le développement urbain socialement intégré par un machismo
bureaucratique, symbole de l'intégration du Québec dans l'économie nord-américaine exprimée
par la nouvelle classe des technocrates.

Ne serait-ce que par la confian-
ce et la conscience que les gens
ont acquises, la révolution culturelle a tout de même préparé le
terrain pour des changements
sociaux et politiques. Au point de
vue architectural, cela se mani-
feste par un effort conscient pour
s'accorder sur un sentiment d'appartenance au Québec et un sens
de l'histoire différents de ceux du
reste du Canada. Une partie du
travail réalisé par deux des architectes qui ont pris part à la conception du Complexe Desjardins
y fait une vague allusion. Roger

Une maison à la gloire du recyclage, rue Provençal, née laborieusement d'une cueillette sans relâche à travers la ville.

d'Astous dans sa conception de l'Hôtel Château Champlain **28** le détache pour en affirmer l'autonomie, tout en essayant d'y relier la trame urbaine; la reproduction de la forme des fenêtres de la Gare Windsor, située de l'autre côté de la rue, montre une plus grande attention pour le patrimoine de la ville que celle dont fait preuve la compagnie ferroviaire Canadien Pacifique en voulant la démolir. Le groupe qui a travaillé aux Ilots St-Martin a fait preuve de cette même attention. Ces architectes restent ce-pendant pris dans une pratique élitiste désuète et ses contradictions.

Une deuxième voie découle de l'effort délibéré de relier la conscience que les gens ont de la ville aux conditions socio-économiques du Québec. Ceci au-delà d'une forme de nationalisme primitif et des pratiques de l'élite culturelle, réduit ainsi l'écart entre l'élite et le peuple, une étape essentielle à la survie de la culture québécoise. Cette phase, la plus récente et la moins perceptible, est celle qui transforme le rôle exemples de confrontations, des relevés quotidiens de bâtiments-ressource collective au Faubourg Cherrier **29** à *l'opération grand ménage* de la Terrasse Ontario **30**, aux employés des organismes publics et para-publics. Plusieurs individus sont impliqués dans ces efforts, et dans d'autres, mais aucun nom n'émerge. Cette architecture repose sur une implication collective pour faire évoluer la ville, reliant étroitement le sentiment communautaire urbain au développement du Québec de demain.

Ces phases de l'évolution culturelle démontrent que l'architecture est transformée lors de la lutte des gens pour le développement des instruments du contrôle social et économique de leurs conditions de vie. Et c'est par cette lutte que s'affirme la qualité de l'architecture de Montréal.

**Les gens prennent le pouvoir**

Jeux d'aventure — mai 72 —

**Contestation**

# Le Vieux-Montréal

## ville d'aujourd'hui

**Didier Gillon**

Décrire le Vieux-Montréal comme quartier de vie contemporaine n'est pas un paradoxe mais un espoir. Construire, de nos jours, avec toute la diversité et la richesse que nous retrouvons dans les vieilles cités, est chose rare. C'est la redécouverte de ces valeurs anciennes qui font le succès de ces lieux et dont les projets contemporains n'ont pas su réunir avec autant d'homogénéité un si grand nombre d'éléments architecturant leur environnement. Aussi est-il normal que ce vieux quartier connaisse un nouvel engouement et sa régénération spontanée en est le témoignage. Régénération sporadique et partielle peut-être, mais qui, formulons le voeu, saura dépasser les embûches d'une nouvelle jeunesse et pourra se compléter dans le même esprit au fur et à mesure des années, pour former un véritable quartier structuré de vie moderne.

Le Vieux-Montréal, délimité par les rues McGill à l'ouest, Saint-Jacques et du Champ-de-Mars au nord, Berri à l'est, de la Commune et des Commissaires au sud, (limites données par les fortifications du XVIIIe siècle), se caractérise par un développement longitudinal au fleuve. La Place Jacques-Cartier forme le lien vital nord-sud de cet ensemble. Vous constaterez que l'aménagement du port de Montréal coupe littéralement le vieux quartier du fleuve et supprime ainsi le lien fondamental à l'origine de Montréal. Aussi, le développement s'est fait parallèlement au fleuve sans créer de liaisons piétonnes efficaces dans le sens perpendiculaire, entraînant comme conséquence un manque d'intégration du vieux quartier à la rue Saint-Jacques. Ce haut lieu d'affaires de Montréal fait pourtant partie intégrante du territoire du Vieux-Montréal. Aujourd'hui, les planificateurs étudient la possibilité de corriger cette situation en réaménageant la partie du port à la hauteur de ce quartier et en envisageant la création d'une liaison piétonne très importante entre la place d'Armes et la place Royale pour sauver ce secteur de la détérioration actuelle.

Sur ce lieu historique et berceau de Montréal, il existe plusieurs écrits. « Les rues du Vieux-Montréal au fil du temps », par Léon Trépanier, « Le passé vivant de Montréal », par Eric McLean, ou encore « Promenade dans le Vieux-Montréal » par Paul Leduc, et le dépliant « Le Vieux-

▲ Le port au XIXeme siècle

▼ Le marché Bonsecours

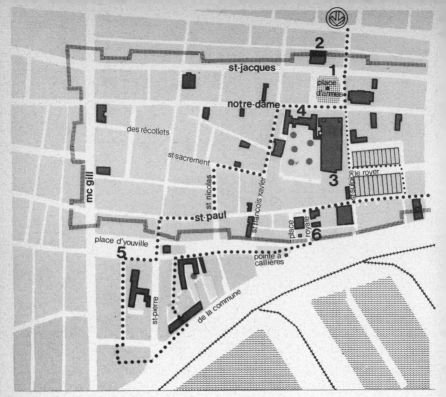

Montréal » préparé par le Service de l'Urbanisme, ces deux derniers distribués par l'Office municipal du tourisme — peuvent être facilement obtenus. Ils traitent tous de l'aspect historique du quartier. Mais au-delà de l'histoire, l'homme demeure. Aussi nous vous proposons de vous faire participer à cette ambiance de vie active due à l'intégration des fonctions, voire à leur désordre et au mélange de toutes les facettes de la vie urbaine. L'abandon de la voiture ou l'arrivée en métro par les stations Champ-de-Mars ou Place-d'Armes, vous permettra de participer pleinement aux ambiances.

Lieux faits par l'homme au fil du temps, l'homme y trouve sa place, l'ambiance urbaine est à sa mesure et le rythme de vie en découle, lent, paresseux, indolent, contrastant avec la trépidation de la vie actuelle. L'échelle est humaine, urbaine, les rues sont étroites, les places publiques se se succèdent et s'imbriquent au fil d'une architecture enveloppante et nuancée. Les espaces sont continus et se renouvellent. Nous vous conseillons de vous laisser aller à flâner. Vous avez le choix: place d'Armes, rue Notre-Dame, place Vauquelin,

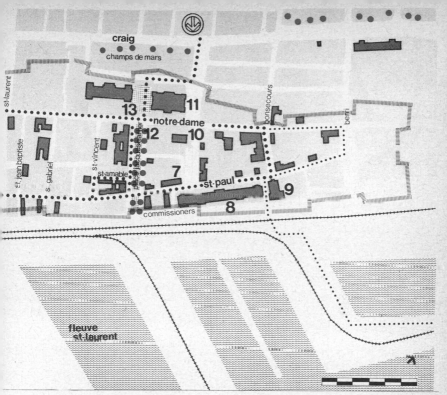

place Jacques-Cartier, rue Bonsecours, rue Saint-Paul, rue Saint-Amable, rue Saint-Vincent, place Royale, place d'Youville, les écuries d'Youville. Il faut remarquer plus particulièrement, place d'Armes, l'intégration des constructions d'époques différentes, la juxtaposition d'édifices de hauteurs très variées, sans rupture d'harmonie, la présence du centre-ville de Montréal à l'arrière-plan et la cour avant du séminaire de Saint-Sulpice. Entrez visiter la place intérieure du nouveau Palais de Justice; rue Saint-Paul, admirez la sinuosité harmonieuse de la

rue; rue Le Royer, l'unité architecturale; aux écuries d'Youville, la cour intérieure et, bien sûr, tous les autres bâtiments de caractère historique.

Mais au-delà de l'architecture, l'homme rencontre l'homme. Rues pour piétons, bancs, terrasses, places publiques, coins ombragés, à l'abri des intempéries... L'homme flâne, se détend, se distrait, communique, chante, côtoie, se groupe, célèbre ses fêtes et se restaure. Voir le Vieux-Montréal l'été, se laisser happer par la foule les jours de fêtes, participer aux groupes et chanter le Québec le soir de la Saint-Jean, bien manger, danser.

Mais pour vivre, l'homme fabrique, expose, échange. Rues aux cent peintres, ateliers de céramique, de tissage, de travail du cuir, ateliers de travail des métaux: bijoux, fer, cuivre, l'homme dessine, peint, sculpte, forge, tisse, produit, expose, regarde et s'instruit. À ce carrefour d'échanges, il vend, acquiert, accumule, découvre, commente, discute et compare...
rue Saint-Amable, marché aux puces, rue Saint-Paul, boutiques et ateliers d'artisanat, la Maison des Arts, La Sauvegarde, le château de Ramesay.

Visiter le Vieux-Montréal n'est qu'une première démarche. Il faut l'explorer, s'y sentir bien et y consacrer du temps, ressentir la vie en communauté, constater ce qui fait le charme de cet endroit et retrouver l'unité constante où tout cohabite, coexiste, où sont mélangés les peuples et les activités. Lieux de passage éphémère tout aussi bien que lieux de résidence ou de travail, l'unité plastique se ressent par l'intimité architecturale et l'harmonie de la création spontanée.

« En ce temps difficile où l'architecture et le progrès prennent leur courbe décisive, il est bon de rappeler ce que fut en un temps et un lieu où n'existaient aucun des actuels. » (Étienne Dusart, Leçons des îles).

## Deux mots d'histoire

Trente ans après sa fondation (1642), Montréal s'étendait sur une étroite lisière de terrain entre le ruisseau Saint-Martin (aujourd'hui la rue Craig) et le fleuve. La population de 850 habitants y était dispersée. C'est alors que Dollier de Casson, supérieur du séminaire des Messieurs de Saint-Sulpice, seigneurs de l'île, résolut de tracer les premières rues, afin que chacun suive les alignements donnés. Ce fut le premier travail d'urbanisme. Sur la partie la plus élevée, M. de Casson fit d'abord tracer la grande rue qu'il appela Notre-Dame, et qui avait à cette époque 30 pieds de large. Les autres rues eurent 18 ou tout au plus 24 pieds de largeur.

Les premières fortifications: Claude de Ramesay, gouverneur de Montréal, confie à l'ingénieur Chaussegros de Léry, en 1717, le soin de construire une muraille suivant l'art de Vauban. Cette enceinte en pierre de 18 pieds de haut et de 4 pieds d'épaisseur protégea la ville pendant plus d'un siècle, puis, jugée inutile, fut démolie en 1822. Ce territoire anciennement fortifié est déclaré arrondissement historique depuis 1964, et tous travaux sont soumis à l'approbation de la commission Jacques-Viger.

La place d'Armes (1723) **1**, occupée par le monument à la gloire de Paul de Chomedey, sieur de Maisonneuve, fondateur de Montréal, est le centre du quartier des affaires. Ainsi, dans

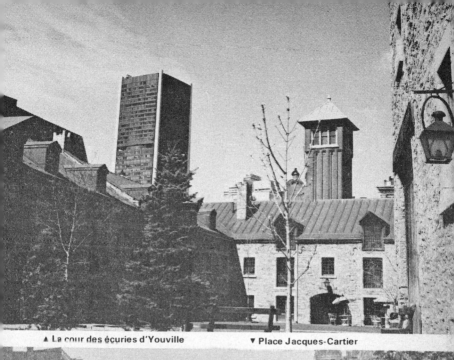

▲ La cour des écuries d'Youville          ▼ Place Jacques-Cartier

▲ Enseignes du Vieux-Montréal    ▼ L'église Bonsecours

▼ Le séminaire de Saint-Sulpice

le plus vieux quartier se côtoient les plus anciens vestiges du passé et les plus puissantes institutions modernes.

Notre-Dame-de-Montréal, église construite en 1656, fut remlacée par une plus grande en 1678, laquelle céda la place à l'actuelle église-Notre-Dame **3** (1823 à 1829), oeuvre de l'architecte irlandais James O'Donnell, de style néo-gothique. La tour de gauche, appelée « La Tempérance », contient le gros bourdon, cloche fondue à Londres, pesant plus de douze tonnes, et qui requiert douze hommes pour la sonner. L'intérieur décoré en polychrome est digne d'intérêt; les verrières retracent l'histoire de Ville-Marie, et un musée intéressera les amateurs de souvenirs historiques.

À gauche de l'église, après un presbytère plus récent, se dresse l'antique demeure en pierre des champs des seigneurs de Montréal, ou séminaire de Saint-Sulpice (1683) **4**, au fronton, l'horloge en bois daté de 1710.

L'immeuble de la Banque de Montréal **2** précédé d'un portique corinthien attire le regard. Le fronton est orné des attributs du commerce et de la finance.

La place Vauquelin **13** porte la statue du célèbre marin français du même nom qui participa glorieusement à la défense de Louisbourg, puis à celle de Québec en 1760

La colonne Nelson **12,** place Jacques-Cartier, le plus vieux monument de Montréal, fut élevé par souscription publique (1809) à la

mémoire de Nelson.

L'hôtel de ville, **11** édifice massif à quatre étages, de style Renaissance, au toit mansardé, date de 1872 et a été refait en 1926.

Le Château de Ramezay **10** fut construit par Claude de Ramezay, lieutenant-gouverneur de Montréal de 1704 à 1724 pour loger sa nombreuse famille de seize enfants. En 1775, quand les insurgés américains occupèrent la ville, ils firent du Château leur quartier général. C'est actuellement un musée historique que les amateurs auront plaisir à visiter.

Rue Saint-Paul, aux numéros 281-295, l'hôtel Rasco (1834) **7,** orgueil de Montréal au siècle dernier, abrita Charles Dickens (1842) à l'occasion de la présentation d'une de ses pièces au théâtre Royal.

L'ancien marché Bonsecours **8,** (1845-1852), d'aspect classique, ne manque pas d'allure. D'abord hôtel de ville, il devient marché en 1879.

L'église Notre-Dame-de-Bonsecours **9,** « église des marins », fut commencée en 1657 par Marguerite Bourgeoys. L'édifice en bois fut remplacé par une église en pierre, incendiée en 1754, rebâtie en 1772 et modernisée de 1885-1888. L'église contient de curieux ex-voto offerts par des marins. De la tour, on a une jolie vue sur la basse-ville et le port.

Place Royale **6**. Au centre, l'ancienne douane, édifice administratif, a un certain caractère. L'obélisque érigé d'abord sur la place d'Youville à l'occasion du 250e anniversaire de la fondation

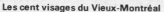
**Les cent visages du Vieux-Montréal**

de la ville, y fut transporté par la suite. Il porte les noms des premiers colons. C'est ici que les criminels étaient mis au pilori.

La place Royale de Champlain, actuellement place d'Youville **5**, a été nommée en 1901 en l'honneur de la fondatrice des Soeurs Grises. La pointe à Callières, coin rue d'Youville, avec départ rue de la Commune, fut véritablement le berceau de Montréal. Maisonneuve y construisit son fort en 1642. En 1688, Louis Hector de Callières y éleva son château.

# La rue Saint-Jacques

**Michael Fish**

À la fondation de Montréal, cette rue n'était qu'un sentier dans la campagne. Elle est devenue par la suite un rempart, une rue bordée de belles églises et de maisons élégantes, puis, jusqu'à tout récemment, le centre financier du Canada. Elle a été le témoin non seulement des escarmouches implacables entre les Indiens et les premiers colons, mais aussi des entreprises économiques audacieuses de ceux qui ont fait progresser notre pays.

La rue Saint-Jacques porte le nom du fondateur des Sulpiciens, Jean-Jacques Olier, qui, si étonnant que cela paraisse, n'est jamais venu à Montréal. Le rôle principal qu'il a joué dans l'histoire de la ville a consisté à trouver à la cour de France des amis puissants pour aider la colonie naissante.

Il faut à tout prix voir la rue Saint-Jacques pendant les heures affairées de la semaine. Pour y accéder facilement, prenez le métro jusqu'à la place d'Armes.

À la sortie, du côté de la rue Craig, remarquez ces deux édifices dignes d'intérêt: le 380, une ancienne construction de style néo-roman, en brique et en pierre, et le 102, à l'intersection de Craig et de la côte de la place d'Armes. Là se trouve La Brasse-rie: l'immeuble arbore une façade art nouveau, à la façon de Louis Sullivan.

Continuez de longer la rue Craig en direction est et tournez au sud rue Saint-Laurent. En grimpant la pente, vous passerez devant les bureaux de *La Presse,* un des plus importants journaux français de Montréal. Sur ce site a vécu autrefois un des maires de Montréal les plus connus, Wolfred Nelson.

Il était l'un des huit chefs de la rébellion des Patriotes de 1837. Ce soulèvement avait pour objectif d'obtenir la responsabilité ministérielle et, à cette fin, les intellectuels et la bourgeoisie du Bas-Canada s'opposèrent à l'"establishment" héréditaire. La marche qui eut lieu rue Saint-Jacques et qui dégénéra en émeute, est un épisode de ces hauts faits historiques. L'année suivante, le docteur Nelson et ses amis furent condamnés à l'exil aux Bermudes, supposément pour la vie. Mais les principaux buts des « rebelles » avaient été atteints et, à son retour d'exil, Nelson fut le premier maire élu de Montréal.

En parcourant la rue Saint-Jacques, vous sentirez peut-être encore la présence des grands disparus, car elle subsiste toujours. Au no 10 pourrait bien être tapi le

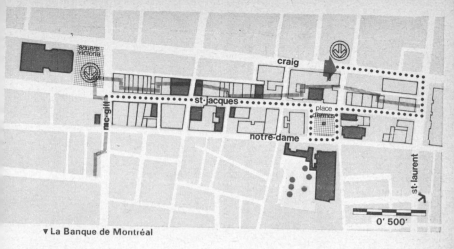

▼ La Banque de Montréal

fantôme de Lambert Closse, lieutenant de Maisonneuve, le fondateur de Montréal. Les Indiens l'ont tué précisément à cet endroit, pendant l'une de leurs incursions.

Vous verrez, au no 45, la première construction qui offre un intérêt architectural. C'était autrefois la Banque du Peuple. Elle se délabre depuis des années, mais les couches de suie ne peuvent pas effacer sa belle façade néo-gothique ornée de gargouilles grimaçantes. On devrait conserver cet édifice pour les générations futures, ne serait-ce que parce que la Banque du Peuple a financé la rébellion de 1837. (Allez dans l'entrée de l'édifice de La Prévoyance, place d'Armes, voir une reproduction de cet édifice et de ceux qui l'entouraient à l'origine).

En 1729, le gouverneur d'Aillebout vendit un terrain à un menuisier à qui la fortune avait souri. Celui-ci, Charles Renaud, construisit alors une maison de deux étages là où se trouve le no 52 de la rue Saint-Jacques. En 1900, le rez-de-chaussée a été transformé en restaurant. Ce restaurant existe toujours, et si vous vous hasardez à y entrer, vous verrez derrière une façade moderne peu attrayante, un agréable échantillon d'intérieur montréalais des premières années.

À l'angle nord-est de la côte de la place d'Armes, allez voir la librairie Caron, la plus originale des librairies françaises de Montréal.[1] L'immeuble a déjà abrité la Société Life Assurance of Scotland. Les colonnes corinthiennes qui encadrent les piles de livres font rêver à des heures plus glorieuses.

En face et au sud, voici le premier véritable gratte-ciel de Montréal, érigé en 1887 pour d'autres assureurs, London & Lancashire Life Insurance Company. La Société de Fiducie du Québec occupe actuellement ces locaux. La pierre rouge d'Écosse dont sont faits les murs avait été utilisée comme lest par d'ingénieux affréteurs pendant le retour de leurs navires sans cargaison vers le Canada.

Tout à côté, se trouve l'édifice La Prévoyance qui s'est longtemps appelé l'édifice Aldred. Datant du début des années 20, c'est un exemple réussi de l'architecture art-déco et il s'intègre mieux à la rue que beaucoup de constructions modernes de mêmes dimensions.

La place d'Armes montre, peut-être mieux que tout autre lieu, le double et complexe caractère de Montréal: l'ancien et le nouveau, les Français et les Anglais, la vie religieuse et le monde des affaires, les églises et les temples de la finance. La place d'Armes! Toutes les ironies du temps et des distances, de la langue et des personnalités, du style et des proportions semblent s'y rejoindre, avec des discordances sans doute, mais non sans musique et sans charme.

En son centre se dresse le monument aux fondateurs de la ville et à ses premiers héros: Paul Chomedey de Maisonneuve, Lambert

[1]réinstallée rue Sainte-Catherine en juin 74

48

**La Banque du Peuple**

Closse, Jeanne Mance, la première infirmière laïque de
l'Amérique du Nord et fondatrice
de l'Hôtel-Dieu (1645), Lemoyne,
un autre héros de la colonie naissante et, chose surprenante, un
Indien anonyme. On l'a peut-être
honoré en guise de revanche
symbolique, parce que Maisonneuve avait étranglé un Indien
non loin de ce site.(Allez lire
l'inscription sur plaque de pierre
au no 105 de la rue Saint-Jacques.

Elle donne les détails de ce
combat.)

Au sud de la place d'Armes,
sur le mur des Sulpiciens, une autre plaque rappelle la mémoire de
M. de La Dauversière, le premier
homme d'affaires de Montréal,
qui, avec Monsieur Olier et Paul
de Maisonneuve, veillait à la
prospérité commerciale de Ville-
Marie.

On peut voir, à l'angle sud-
ouest, l'un des plus vieux bâtiments, l'annexe de Notre-Dame,
qui fut construite en 1686 avec de
la pierre dégrossie. En face,
s'élève un édifice des plus modernes, la gigantesque Banque canadienne nationale. On s'opposa
fortement à cette dernière construction et ce, pour deux raisons:
elle détruit la perfection d'un
square où les styles XVIIIe et
XIXe siècles régnaient harmo-
nieusement et elle constitue une
brisure dans la ligne bien agencée
de ce coin de Montréal.

L'église Notre-Dame et la
Banque de Montréal ont, toutes
deux, façade sur la place
d'Armes. Toutes deux sont
l'oeuvre de grands architectes et
la restauration de l'une et de
l'autre a été confiée à des hommes
de grand talent.

Commencez par visiter Notre-
Dame. Son histoire remonte à la
fondation de la ville, en 1642, à
l'époque où elle n'était qu'une
humble chapelle. L'église
actuelle, construite au XIXe siècle, doit ses plans à James
O'Donnell, un Irlandais protestant de New York. Il vint
s'installer à Montréal et surveilla

lui-même la construction qui fut terminée en 1829. Il mourut en 1830, après s'être converti au catholicisme et fut enterré sous l'église. Une plaque de marbre indique l'emplacement de son tombeau.

Les arcs-boutants de Notre-Dame évoquent les bâtisseurs européens. Toutefois, cette église très simple ressemble peu aux grandes cathédrales et aux églises de la même époque. C'est un des premiers exemples du renouveau gothique, un style que certains connaisseurs d'aujourd'hui qualifient d'imitatif et de banal.

L'étonnant intérieur de Notre-Dame doit beaucoup à Victor Bourgeau, un de nos grands architecte, à Bouriché, un sculp-

teur angevin réputé et au peintre québécois, Ozias Leduc. On est frappé de la majesté des proportions. Tout est ornementé, opulent, somptueux. Voir, à droite, près de l'entrée, dans le baptistère, un des plus beaux trésors du Québec, une Crucifixion de l'école impressionniste, oeuvre de Leduc.

La visite suivante vous conduit à la Banque de Montréal. Son architecte, John C. Wells, disait de lui-même qu'il « savait concevoir des plans de toute espèce, dans le goût ancien ou moderne ». L'immeuble, de style néo-grec, fut élevé en 1847 et on l'a toujours considéré comme un des plus remarquables en Amérique. A peine entré, on a une impres-

**Le jardin du séminaire de Saint-Sulpice**

sion de légèreté, de dignité et de dimensions harmonieuses. N'oubliez surtout pas d'admirer le dôme toujours aussi splendide qu'aux premiers jours et laissez votre oreille jouir délicieusement de l'acoustique des lieux. La banque possède un musée. Il est petit, mais il abrite de vieilles pièces de monnaie, d'anciens billets, des souvenirs et des objets divers, en particulier, des tirelires très rares.

Au 221 de la rue Saint-Jacques, plus à l'ouest, se trouve la Banque Provinciale du Canada caractérisée par ses grandes sculptures au-dessus de l'entablement. Pour mieux la voir, traversez la rue.

Le 225 est le siège de la Compagnie de Fiducie et de Revenu. On peut voir, au sous-sol, der-

**Sculptures de la Banque Provinciale**

rière un restaurant, une étrange porte de voûte qui charmerait tous les enfants. À cette même adresse existait autrefois le populaire Dolly's Chop House. Dolly, en dépit de son nom, était un homme de plus de six pieds, pesant deux cent livres et... un tory.

Vous admirerez dans l'impressionnant hall d'entrée que le *Montreal Star* a fait remodeler, — 245, Saint-Jacques — les oeuvres de quelques-uns des meilleurs artistes canadiens: Micheline Beauchemin, Roussil et Gordon Smith. On doit prendre rendez-vous quand on désire visiter les ateliers du journal.

Au 244, ancien emplacement d'un marché de chevaux, le Tattersall un vieil immeuble à voir. Occupé successivement par les assureurs London & Lancashire, la Merchants Bank d'Halifax et la société Royal Securities, il a déjà été le quartier général montréalais de Max Aitken, connu plus tard sous le nom de Lord Beaverbrook. C'est là qu'il organisa la Steel Company of Canada, Canada Cement et Eastern Canada Power. Les sculptures de l'entrée, le travail de la toiture et de l'avant-toit auront de l'intérêt pour les amateurs de l'architecture du XIXe siècle. Malheureusement, les propriétaires actuels ne font rien pour le soustraire à la démolition. Et, pourtant, il ne faut qu'un brin d'imagination pour comprendre qu'il pourrait devenir un centre d'accueil pour nos touristes. On pourrait y incorporer un musée axé sur le caractère historique et architectural très particulier de ce coin de Montréal. Si nous voulons que la rue Saint-Jacques survive à ce siècle, une croisade de ce genre est indispensable.

La Banque de la Cité et du District de Montréal a son siège au no 262, Saint-Jacques. Une

partie de cet édifice date de 1870. Sa façade de pierre calcaire locale est de bon goût et vaut vraiment tous les soins qu'on prend pour en empêcher la détérioration.

Une foule de détails étranges sautent aux yeux dans ce qui fut autrefois le siège social de la Canadian Bank of Commerce, construction datant de 1909, au no 265. Particulièrement amusantes sont les grandes proues de navire émergeant des murs aux deux extrémités de la grande salle. Le site de cette banque intéressera sans doute le visiteur américain. Dans l'église méthodiste qui s'y est déjà élevée, on a fait des prières pour commémorer la mort d'Abraham Lincoln. C'est à Montréal que John Wilkes Booth, l'assassin du président, a joué son dernier rôle sur scène.

L'édifice voisin, le no 275, appartient à la Federation Insurance Company. Une décoration de stuc et de fer forgé rehausse le hall et les escaliers. L'extérieur de cet immeuble que Canada Life avait fait construire en 1897-98, est un des mieux réussi de toute la rue. Les motifs flamboyants et les hauts-reliefs de la Paix et de l'Industrie placés au-dessus de l'entrée sont très beaux. Les blasons du deuxième étage étaient destinés à bénir les passants, tout comme certaines statues murales en Europe.

De l'autre côté de la rue, au 288, la vieille (1860) Banque Molson, devenue une succursale de la Banque de Montréal. L'intérieur est magnifique — on l'a hélas! brutalement repeint en blanc —; voir également les belles portes du bureau du directeur et de la salle d'assemblée. Ce sont de petites merveilles.

La construction qui s'élève au 355, Saint-Jacques, bureaux de Nesbitt Thomson Company, courtiers, date de 1871-72. À l'origine, c'était un édifice de trois étages. On ajouta par la suite les cinq étages supplémentaires. La grande salle du rez-de-chaussée, très bien entretenue, est une des plus belles de tout le district.

Nordheimers' Hall occupait l'édifice voisin qui porte le no 363. C'est là, comme à Mechanics Hall, à Lawrence Hall et dans l'Hôtel Lawrence, tous maintenant démolis, qu'on donnait jadis des conférences, des récitals, des réceptions. Pour bien voir le 363, il faut traverser la rue. De là, on remarque mieux les grandes fenêtres aux larges baies et la robuste façade de pierre. Cette construction est très en avance sur le style de son époque (1888). Elle permet de laisser pénétrer beaucoup de lumière: la rue Saint-Jacques devenait très densément bâtie.

La demeure du 371, dont la transformation n'est pas heureuse, est probablement une des plus vieilles du quartier. Il faut, elle aussi, la regarder du trottoir d'en face.

Rendons-nous maintenant à ce qui était en 1928 le siège social de la Banque Royale, le 360. Derrière son ennuyeuse façade florentine, on voit un des halls les plus étonnamment luxueux de tout le pays. Lumière tamisée, lustres

**Sculpture à l'angle de la rue Saint-Pierre ▶**

▲ Royal Securities

Entrée de la Banque Royale▼

▲ La Banque Molson

"Nordheimer's Hall"

impressionnants, décoration abondante et magnifiques grilles. À ne pas manquer.

Un petit bâtiment, au 384, Saint-Jacques, affiche une des seules façades de style Second Empire qui soit encore en bon état à Montréal. Quand on a construit ce bâtiment en 1872, c'était pour un orfèvre-joailler. Le style était à la mode dans ces parages, mais il n'y a guère que celui-ci qui soit resté debout avec l'hôtel de ville, rue Notre-Dame.

Le 408 a été autrefois l'hôtel Ottawa, où logea, en 1862, Harriet B. Stowe, l'auteur de "La case de l'Oncle Tom" quand elle vint entendre prêcher son frère Tom à l'église méthodiste.

A la rencontre de la rue Saint-Jacques et du square Victoria, vous verrez, à l'angle nord-est, les bureaux de la Banque de Nouvelle-Écosse, créés par les architectes Shorey et Ritchie. C'est eux qui, pendant cinquante ans, ont exécuté une grande partie des contrats d'architecture de cette banque.

Si l'architecture est une musique pétrifiée, on peut dire que les accords et les accents de la rue Saint-Jacques ont une résonnance internationale, car les styles américains, anglais et européens s'y entremêlent avec des conceptions tout à fait canadiennes (à preuve le no 377 et l'Hôtel Ottawa) pour en faire un lieu distinctif et bien à part. Son environnement est unique au monde.

Hélas! un bon nombre de nos hommes d'affaires, ceux-là même qui devraient se soucier de lui conserver son cachet, sont très intéressés à immoler leur rue sur l'autel du dieu Dollar. Déjà on a beaucoup démoli dans les artères situées plus au nord. Des centaines de terrains attendent le jour où on élèvera encore d'autres gratte-ciel. Et pourtant, la vague de démolition intempestive ne cesse de déferler.

Que faire? Peut-être avant tout, ressusciter la vie nocturne de la rue Saint-Jacques. Pourquoi pas un théâtre ou un petit hôtel qu'on logerait dans un immeuble déjà existant, la Banque du Peuple, par exemple? Le district en retirerait des bénéfices beaucoup plus élevés que la mise de fonds.

Et, deuxième suggestion, il faudrait nettoyer toutes ces pierres grises ou rouges. La lumière, alors, jouerait et se réfléchirait avantageusement sur des façades plus claires. Personne ne résisterait à la tentation de tout illuminer pendant la nuit et la rue pourrait enfin apparaître dans toute sa gloire.

# Le centre-est

## Une promenade en presque Amérique

Guy Trudelle

Une carte de Chaussegros de Léry (1729) montre notre secteur couvert de terres cultivées, séparées de la ville fortifiée par les rives marécageuses de la Petite Rivière que recouvre aujourd'hui la rue Craig.

Au début du XIXe siècle, les faubourgs Québec et Saint-Laurent se couvrent de construction, mais, même s'ils bordent notre secteur au sud et à l'ouest, celui-ci reste à peu près intouché. Vers 1825, la trame des rues commence à s'étendre, sur le tracé des rangs de la colonisation française, pour devenir définitive vers 1875. À cette époque, le lotissement entre dans sa phase finale et sera achevé vers 1890.

Le peuplement du secteur ne s'est pas effectué de façon homogène. Le faubourg Saint-Louis, parti du carré Viger, fut d'abord le quartier de la haute bourgeoisie canadienne-française qui émigra, vers la fin du XIXe siècle, en haut de la Côte-à-Baron, c'est-à-dire au-dessus de la rue Sherbrooke, avant de se réfugier, à la génération suivante, sur les pentes plus prestigieuses du mont Royal; les importants éléments anglophones qui s'y mêlaient s'en allèrent à l'ouest. Le faubourg Saint-Jacques fut dès l'origine le refuge d'un menu peuple d'artisans et de besogneurs dont les contingents plus nettement prolétariens à la fin du XIXe siècle, rencontrant les obstacles du parc Lafontaine au nord et des domaines bourgeois à l'ouest, se tournèrent vers l'est. D'autre part, le rapide accroissement que connaissait le centre-ville avait mis en branle des forces caractéristiques de la structuration des métropoles nord-américaines à économie capitaliste. On assista, entre autres, au jeu tout puissant de la spéculation foncière entraînant dans son sillage la dégradation de la zone limitrophe, devenue le terrain idéal pour la réalisation de projets trop souvent en conflit ouvert avec le milieu où ils surgissent. Ce triste état de choses atteignait notre secteur au début du siècle; il l'a totalement subjugué depuis.

Voilà, trop sommairement brossé, un tableau du milieu riche en contradictions que nous vous invitons à découvrir en empruntant trois circuits interchangeables reliés à des stations de métro.

**1— Quartier Saint-Jacques**
(de Beaudry à Sherbrooke)
Explorer d'abord la rue Sainte-Catherine, prolongement « oriental » de la plus importante artère commerciale de la ville. Au 1204,

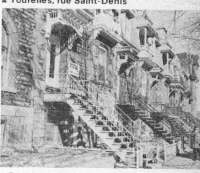

▲ Tourelles, rue Saint-Denis

▲ Bâtiment en béton armé, rue Saint-Denis

▲ Ensemble victorien, rue Cherrier

Place Pasteur ▶

◀ Balcon, carré Saint-Louis

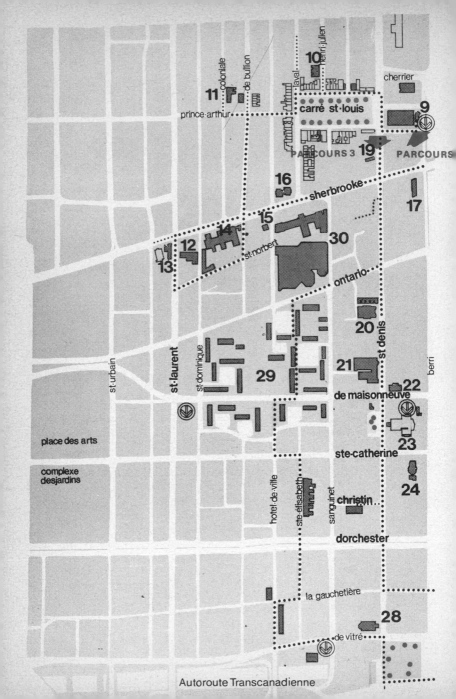

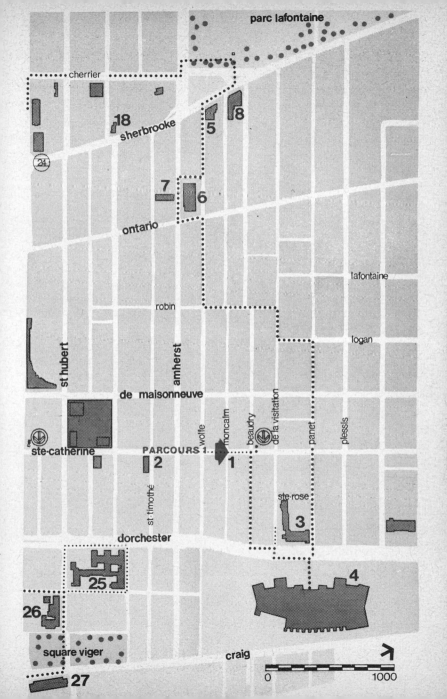

sur le mur du cinéma Canadien, une plaque commémore l'ouverture, le 31 août 1907, du Ouimetoscope **1**, le premier cinéma en Amérique du Nord, c'est-à-dire la première salle conçue spécifiquement pour la projection de films... à 2 200 spectateurs. Au 936, un temple néo-classique du capitalisme triomphant.**2**

Revenir à la rue Beaudry; le court tronçon qui nous mène au boulevard Dorchester résume, par un échantillonnage aussi hétéroclite que complet, un siècle et demi de construction résidentielle populaire. La mansarde d'influence américaine du début du XIXe siècle y côtoie l'habitat prolétarien de la fin du même siècle, le « trois-étages » à escalier extérieur de l'entre-deux-guerres et les appartements socialement dégradants des dernières années.

L'église Saint-Pierre-Apôtre **3** occupe l'angle du boulevard Dorchester et de la rue de la Visitation, témoin d'un courant néogothique implanté au Québec par l'intermédiaire des édifices cultuels des anglophones et qui a donné naissance après 1840, à une floraison d'églises à tour unique fortement dégagée. Elle fut édifiée de 1851 à 1853, suivant les plans de Victor Bourgeau, le plus prolifique constructeur d'églises et de bâtiments conventuels que ce pays ait connu. On lui doit entre autres: l'hôpital de l'Hôtel-Dieu sur l'avenue des Pins, le grand couvent des Soeurs Grises du boulevard Dorchester, les boiseries de Notre-Dame à la place d'Armes... Plus sévère, le presby-

La Maison de Radio-Canada

tère symétrique et massif, à l'anglaise, partie intégrante du monastère des Oblats, desservants de la paroisse.

L'église avait été construite pour desservir le secteur le plus pauvre du Montréal d'alors, le faubourg Québec qui s'étirait en bordure sud du quartier Saint-Jacques, le long du port. Scié en deux par la percée du boulevard Dorchester, ce secteur fut amputé de moitié pour faire place à la Maison de Radio-Canada. **4**

Les concepteurs de cette dernière s'étant spécialement préoccupés de faire pénétrer les visi-

Le bain Généreux

teurs dans les coulisses, s'y rendre pour la visite guidée (entrée libre de 9h30 à 17h.).

Même si elle renferme une magnifique collection d'oeuvres d'art du Québec et des Maritimes, même si le jeu des plateaux du hall des ascenseurs permet de magnifiques perspectives, même si la structure « triodétique » de sa marquise rappelle certains pavillons de l'Expo, cette réalisation ne parvient pas à faire oublier la leçon de stérilisation que le milieu urbain enseigne.

Dans l'axe principal de la tour, empruntons la rue Panet pour jouir du caractère intimiste que l'échelle des villes du XIXe siècle pouvait encore garantir. Après la belle maçonnerie de calcaire des bâtiments conventuels des Oblats et la retraversée de la rue Sainte-Catherine, décrochés, portes cochères, balcons, corniches, arbres y sollicitent à tout moment le regard.

Rues Logan, de la Visitation et Robin: la presque quiétude de ce secteur ne devrait pas échapper encore longtemps à la « marche du progrès. »

Rue Wolfe, tout en résistant à une certaine gêne qu'amènent ces fenêtres jetées sur le trottoir, on peut suivre de l'oeil la ligne des toits qui ondule aujourd'hui au gré des caprices du sous-sol. Comme les façades prestigieuses, les bonnes fondations ont été d'abord l'apanage de la bourgeoisie.

Rue Ontario, le marché Saint-Jacques **6** (1930) occupe le site d'une construction antérieure qui

avait été ouverte au public le 26 mars 1872. Fermé en 1960, pour de prétendus motifs d'hygiène, l'édifice abrite aujourd'hui des services de santé... Au 2050, Amherst: la façade du bain Généreux **7** (1931) à la recherche du modernisme... qui ne se dément pas sous la voûte d'un intérieur plein d'intérêt.

La remontée finale de la rue Wolfe nous fait passer du sordide à l'abandon total d'une zone désignée pour la reconstruction. Notons que la conciergerie **5** qui domine la côte présente un si sombre aspect de l'avenir de l'habitat en milieu urbain, que l'on se prend à regretter la disparition prochaine du paysage qu'elle écrase.

La rue Sherbrooke nous introduit à un autre environnement: côté sud, face au parc, la Bibliothèque municipale **8**, inaugurée le 13 mai 1917, en présence d'une foule enthousiaste, par le maréchal Joffre, le héros de la Marne; les plans sont d'Eugène Payette qui terminait alors la bibliothèque Saint-Sulpice.

Rejoindre le monument, à l'orée du parc Lafontaine; érigé en 1930, et oeuvre d'Henri Hébert, il rend hommage à Louis-Hippolyte Lafontaine, deux fois premier ministre de l'Union des Canadas (1842-1844 puis 1848-1851) et reconnu comme un des défenseurs du gouvernement responsable et des droits des francophones.

Le secteur que la rue Cherrier nous permet d'aborder est, après les environs du carré Viger, le se-

**Louis-Hyppolite Lafontaine**

cond point d'implantation de la bourgeoisie canadienne-française. De fières résidences s'y dressent: nos 980, 546, etc. Au numéro 840, la Palestre nationale, construite de 1914 à 1918, doit sa fondation à l'Association catholique de la Jeunesse canadienne-française qui voulait en faire le pendant du Y.M.C.A.: majestueuse entrée.

La murale que l'on aperçoit de l'autre côté de la rue Berri est un bel exemple de la qualité d'ouvrages semblables qui se multiplient depuis quelques années. L'observation attentive nous aura permis d'en découvrir de nombreuses autres avant la fin de la promenade.

Via la Place du Cercle, 3585,

Berri, accéder à la station Sherbrooke, d'où on peut entreprendre le deuxième circuit ou rentrer se reposer par le métro.

**Carré Saint-Louis et environs**
(métro Sherbrooke)
Sortir de la station par l'Institut de tourisme et d'hôtellerie du Québec **9**. Magnifique résidence d'esprit fin victorien au 3605, Saint-Denis; autres résidences intéressantes, 440-416, Cherrier.

Revenir au carré Saint-Louis, la place la plus française de Montréal... si une telle chose existe. Le quadrilatère logea d'abord un réservoir d'une capacité de plus de 3 000 000 gallons (1848 - 1879). Il fut transformé en square en 1880. C'est à cette époque que s'érigèrent les magnifiques résidences qui l'entourent: voir les nos 312, 280, 357 et son voisin, 335, etc. Une diversion nous amène au 3636, Henri-Julien **10**, à la conciergerie Frontenac tout droit issue des rêves engendrés par le célèbre « château » du même nom à Québec.

Aujourd'hui, on peut déplorer que l'homogénéité architecturale du square ait été entamée et qu'une initiative condamnable ait fait disparaître le monument Crémazie, oeuvre du sculpteur Philippe Hébert. Heureusement, l'endroit demeure un lieu de flânage sympathique, qu'une population plus jeune et plus libérée des contingences d'un milieu oppressif a transformé en haut lieu d'échange d'idées libres.

Explorer ensuite la magnifique rue Laval, entre Sherbrooke et des Pins. Rue Prince-Arthur, jusqu'à Saint-Dominique... le Village... et ses boutiques au chromatisme agressif. C'est aussi dans ce secteur que s'est installée la communauté portugaise de Montréal. Deux blocs victoriens, 2131, Coloniale **11**, contrastant avec les deux blocs voisins issus des programmes de rénovation urbaine, illustrent en un dyptique explicite le chemin parcouru par l'architecture résidentielle en moins d'un siècle.

Par la rue de Bullion, on atteint la rue Saint-Norbert. Points de vue intéressants... sur la basse-ville...

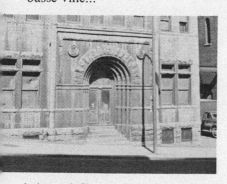

**La brasserie Ekers**

Au 2115 du boulevard Saint-Laurent, l'ancienne brasserie Ekers (1894) **12** présente un majestueux portail intégré à une façade massive empruntée au style d'Henry Hobson Richardson. En face, l'édifice du 2, rue Sherbrooke ouest **13**, de même que deux autres qu'on retrouvera rues Saint-Denis et Christin attestent de l'introduction du béton armé dans l'architecture du début du

siècle et de l'exploitation éclairée de ses possibilités: arcatures, porte-à-faux, angles arrondis, trahissent le souffle de l'Art nouveau.

Revenir vers l'est, rue Sherbrooke. Au 60. le monastère provincial du Bon-Pasteur (1847) **14**, au 170 **15**, magnifique résidence construite avant 1875 dans la tradition classique, voire austère qui précède l'éclectisme victorien. Son toit en pavillon au large débord, son évaluation symétrique, ses puissants pilastres, son imposant vestibule, en font un édifice unique.

Au 225, la Ville Médica **16**, bel exemple d'architecture moderne. Au 244, l'ancien Mont-Saint-Louis fondé en 1887 par les frères Aimarus et Réticius des Écoles chrétiennes, et longtemps célèbre pour la qualité de son enseignement scientifique. C'est un exemple imposant d'architecture institutionnelle québécoise de tradition française: sur un demi-sous-sol, trois étages se distinguent les uns des autres par une fenestration qui se simplifie avec la hauteur; une puissante mansarde coiffe l'édifice.

Près de Berri. l'immeuble du Club canadien **17** présente la façade somptueuse d'une résidence construite en 1901. Les amateurs d'architecture apprécieront enfin la résidence, sise au 901 **18**, qui, du haut d'un tertre, domine le trottoir de sa tourelle d'angle et de son imposant balcon à colonnes.

Retour à la rue Saint-Denis... et au métro.

### 3— Quartier Saint-Louis
(de Sherbrooke à Berri-de Montigny)

Avant d'entreprendre la descente de la rue Saint-Denis, voir au 3428, le siège de l'agence de voyages Viau **19**, sobre et élégante réalisation contemporaine.

De la rue Ontario au boulevard de Maisonneuve, on traverse un environnement de boutiques, librairies, restaurants... Au 1710, un immeuble à structure de béton armé. La Bibliothèque nationale (1914-1915) **20** abrite de remarquables collections de Canadiana... don princier de Saint-Sulpice à la population. Au 1604, le Vidéographe. Plus loin, le théâtre Saint-Denis **21** dissimule, avec ses 2500 places, la seconde plus grande salle de spectacle de la ville après celle de la Place des Arts (promenade 9). À l'angle du boulevard de Maisonneuve, l'audacieux et élégant édifice suspendu, quartier général de la section du Québec de l'Ordre de Saint-Jean (1969). **22**

L'église Saint-Jacques **23**. Erigée une première fois de 1823 à 1825 sur les plans de Joseph Fournier, elle disparaît avec 1111 autres bâtisses et dépendances, dans le grand incendie des 8 et 9 juillet 1852 qui jette près de 10,000 personnes dans la rue. John Ostell réutilise les fondations pour élever la seconde construction de style gothique majestueux, mais sévère. La façade de la rue Saint-Denis, jusqu'à la première galerie du clocher, est tout ce qui en reste, car après une utilisation d'environ sept mois, elle s'envole à son tour en fumée en 1858. Les plans de la troisième église sont confiés à Victor Bourgeau qui mène promptement la reconstruction, terminée en 1860... dans les vieux murs. Vers 1880, le curé Sentenne fait élever la flèche à près de 300 pieds du sol. De 1889 à 1891, la belle façade de la rue Sainte-Catherine est érigée suivant les plans des architectes Perrault, Mesnard et Venne. 1933, nouvel incendie; 1935, nouvelle reconstruction suivant les plans de Gaston Gagnier. Le quadrilatère sera bientôt entièrement occupé par des pavillons de l'Université du Québec à Montréal qui s'incorporeront le clocher et la façade du transept sud.

Place Pasteur, d'autres pavillons lui feront face, sur le site consacré de 1905 à 1958 à l'École polytechnique, et ensuite, à l'École des Arts appliqués.

Un troisième segment de l'U.Q.A.M. doit occuper l'îlot sis à l'angle sud-est de la rue Sainte-Catherine. La chapelle Notre-

**Quartier général de l'Ordre de Saint-Jean**

**Église Notre-Dame-de-Lourdes**

Dame de Lourdes **24** qui s'y trouve sera incorporée à l'ensemble. Inaugurée le 1er mai 1876, elle a été érigée dans le style romano-byzantin que choisit son auteur, le peintre Napoléon Bourassa; une statue de Philippe Hébert surmonte l'autel. Le long de la rue Saint-Denis s'élevait, de 1893 à 1970, l'édifice qui abrita l'Université Laval à Montréal (devenue, en 1919, l'Université de Montréal) jusqu'à son installation sur le mont Royal en 1943.

Ainsi, l'U.Q.A.M., qui prévoit recevoir 24 000 étudiants dès 1981-82, fait montre d'un grand souci de continuité spatiale, sociale et historique.

330, rue Christin, maison à structure de béton armé. L'introduction de ce matériau dans notre architecture, au début du siècle, ne fut pas qu'une occasion d'expérimentation esthétique, mais offrit aussi la possibilité d'une exploitation plus systématique des locataires par les propriétaires en traçant la voie aux superclapiers d'aujourd'hui. Poursuivre jusqu'à Lagauchetière puis Saint-Hubert. On peut faire le tour de l'ensemble des bâtiments de la Miséricorde **25**. Des constructions dont la plus ancienne remonte à 1853, y voisinent avec l'importante aile de là crèche (1958).

Au 530, de Lagauchetière, belle façade de la bibliothèque de l'ancienne École des Hautes Études commerciales **26**, le bâtiment voisin (1908-1910). Fondée en 1907 par la Chambre de commerce, à l'instar de celle de Paris, cette institution illustre bien, dans le style de ses façades, les prestigieuses ambitions de la bourgeoisie du temps. En 1970, l'École allait rejoindre l'Université sur la montagne (promenade 7). Le bâtiment abrite aujourd'hui un pavillon du C.E.G.E.P. anglophone Dawson.

Le carré Viger est installé sur un ancien marécage au milieu duquel coulait le ruisseau Saint-Martin. Même si un embryon de place occupe le pied de la rue Saint-Denis dès le début du XIXe siècle, son aménagement en jardins ne débute que vers 1844 par le remblayage du terrain avec de la poussière ramassée dans les

**Portiques, avenue de l'Hôtel-de-Ville**

rues de la ville. Son inauguration officielle a lieu en septembre 1860. C'est le deuxième square aménagé, après celui de la place d'Armes (promenade 1). Les jardins Viger abritèrent les premières serres de la métropole, de 1863 à leur transfert au parc Lafontaine en 1889. La foule se massait aux concerts et aux feux d'artifices qu'on y donnait une fois par semaine. Célèbre par ses fontaines, ses bassins et son éclairage, il demeura un endroit « fashionable » jusqu'au début du XXe siècle, qui vit sa ruine. Abandonné par les familles bourgeoises, devenu refuge des « robineux », coupé en deux par la percée du monstre Berri, miné par

une autoroute souterraine, il fut livré au stationnement. Jamais, en cette ville, place publique si prestigieuse ne fut réduite à une telle dégradation.

Le petit édicule qui s'y dresse abrite une des nombreuses toilettes publiques qui virent le jour sous l'administration Camilien Houde, au début des années 30. La population reconnaissante eut tôt fait de les désigner sous le nom de « camiliennes », comme elle l'avait fait pour cet autre bienfaiteur de l'humanité, l'empereur romain Vespasien. « On ne doit pas manger dans les vespasiennes », titrait *Le Devoir* du 25 avril 1941...

Quelques beaux édifices encadrent le square. À l'angle des rues Saint-Denis et Viger, l'ancienne Holy Trinity Memorial Anglican Church, inaugurée en 1864 et construite dans le « Early English Style » gothique **28**. Au sud de la rue Craig, l'hôtel et la gare Viger **27** (1897-1898) remplacèrent la gare Dalhousie d'où était parti, le 28 juin 1886, le premier train transcontinental. Sir William Van Horne, président du Canadien-Pacifique, qui aimait passer pour un connaisseur en architecture, tint à ce que l'extérieur de cet hôtel de grand luxe revêtît un caractère tout à fait français! Aussi, Bruce Price, de New York, auteur du Château Frontenac à Québec, fut-il appelé à tracer les plans du nouvel édifice en s'inspirant des plus beaux châteaux de la Loire. On lui doit en outre la gare Windsor (promenade 9). L'hôtel connut ses plus belles années avant

**L'hôtel Viger**

1910, mais dut fermer ses portes dès 1935. Il est occupé depuis 1951 par différents services municipaux.

Rue Saint-Denis, le monument élevé à la mémoire de Jean-Olivier Chénier (1806-1837), tué à la bataille de Saint-Eustache où il commandait les patriotes.

À la station Champ-de-Mars, on peut admirer, tant de l'intérieur que de l'extérieur, la superbe verrière, oeuvre de Marcelle Ferron. À gauche, coup d'oeil sur le Vieux-Montréal; devant, la masse des gratte-ciel du centre-ville; à gauche, la tranchée de l'autoroute transcanadienne...

La remontée de l'avenue de l'Hôtel-de-Ville fournit de beaux exemples de résidences de style georgien dont l'introduction dans notre pays a coïncidé avec la conquête anglaise. Rejoindre la rue Sainte-Elisabeth, avant d'arriver au boulevard Dorchester. Au nord de ce dernier, bel ensemble de façades éclectiques en brique rouge.

Par la rue Sainte-Catherine, atteindre les habitations Jeanne-Mance **29**, via leurs « propylées » dans l'axe de l'avenue de l'Hôtel-de-Ville. Première rénovation urbaine au Québec. Des tours d'appartements alternent avec des édifices en bandes de trois niveaux et des résidences familiales constituées d'un étage sur rez-de-chaussée... triste exemple d'une architecture peu inspirée imposée du dehors.

Rue Ontario, entre Hôtel-de-Ville et Sanguinet, on construira le C.E.G.E.P. du Vieux-Montréal. **30** Entre autres caractéristiques, il sera doté d'un bloc sportif accessible au public où un gymnase de quatre plateaux surmontera une piscine olympique.

Passant devant les résidences de la terrasse Ontario, revenir à la rue Saint-Denis et à la station de métro Berri-de Montigny.

**Épilogue**
En cours de promenade, nous aurons pu constater que contre la marée de la spéculation foncière et les diktats d'une administration publique, qui trop souvent procède au "développement" avec la délicatesse que l'on reconnaît à l'éléphant qui piétine une porcelaine, une vie urbaine non seulement se maintient, mais axe son devenir sur les valeurs non plus quantitatives mais qualitatives de la vie.

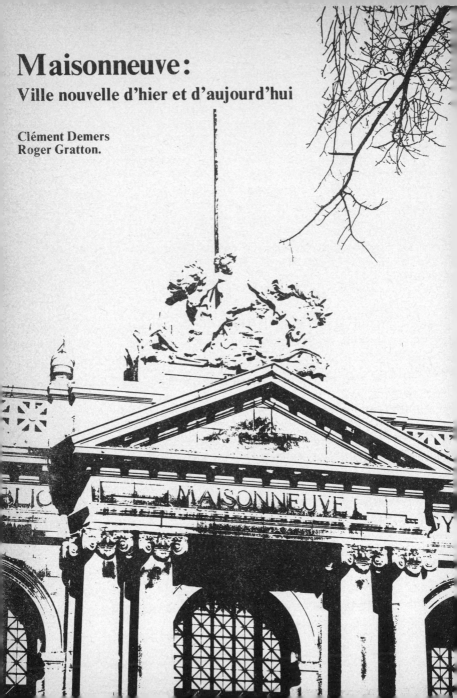

# Maisonneuve:

## Ville nouvelle d'hier et d'aujourd'hui

Clément Demers
Roger Gratton.

En 1883, naissait sous le nom d'Hochelaga un village d'à peine 1 000 âmes. Dès 1898, une partie de cet ancien village était érigée par proclamation en la ville de Maisonneuve, du nom de l'illustre fondateur de Ville-Marie. Vingt ans plus tard, en 1918, au plus fort du processus ahurissant d'intégration, Maisonneuve était annexée à la ville de Montréal. Sa population était alors de 34 000 âmes.

Au tournant du siècle, vingt ans seulement auront suffi à faire de Maisonneuve la troisième ville du Québec par son importance industrielle et à transformer une banlieue, des champs, en quartier de prestige pour les Canadiens français, en contrepartie de Westmount pour les Canadiens anglais.

Paradoxalement, c'est sous le même signe de prestige que les vastes terrains du parc Maisonneuve, acquis par la ville de Maisonneuve au moment de la fièvre d'expansion des années 1910 à 1915, auront été choisis pour cadre des Jeux olympiques de 1976.

Nous proposons que la visite de ce quartier s'effectue de préférence à pied ou à bicyclette, en commençant au niveau du coteau de la rue Sherbrooke par le Jardin botanique et le Château Dufresne.

Ancien site du Mont-de-la-Salle, maison-mère des Frères des Écoles chrétiennes, le Jardin botanique constitue en soi un lieu unique par le charme et la tranquillité de ses espaces, et surtout par la collection de plus de 20 000 espèces botaniques et variétés horticoles différentes qui y vivent en milieu naturel ou en climat contrôlé. La visite de ses serres, de ses multiples jardins, de son arboretum et de ses étangs vaut bien la douceur de s'y promener en toute saison. Un guide détaillé des lieux peut d'ailleurs être obtenu sur place.

C'est grâce à l'acharnement persuasif du Frère Marie-Victorin, e.c., que naissait en 1931 ce merveilleux jardin. Un monument fut d'ailleurs érigé en son honneur près de l'allée des Cascades.

Le parcours séparant la sortie du jardin Botanique du Château Dufresne 1, situé au coin sud-ouest du boulevard Pie IX et de la rue Sherbrooke, permet un premier contact (à vol d'oiseau) avec le quartier, ses cheminées d'usines toujours dominantes, entremêlées de coupoles et de clochers flottant, si on s'y promène l'été, sur un épais coussin de verdure. Au dernier plan, les installations portuaires et les élévateurs à grain (les plus gros au monde) se découpent par une journée ensoleillée sur la vallée du Saint-Laurent. les monts Saint-Bruno et Saint-Hilaire.

« Le Château », — de par son appellation populaire — fut construit entre 1915 et 1919, au coût d'un million de dollars, par Marius Dufresne, le même entrepreneur et ingénieur de la cité de

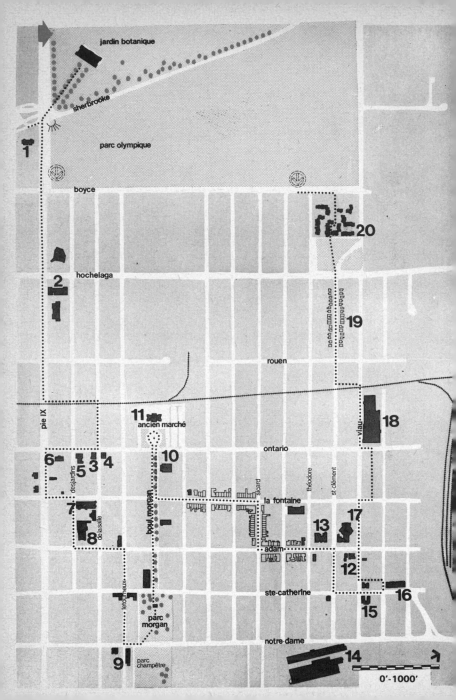

jardin botanique

sherbrooke

parc olympique

**1**

boyce

**20**

**2**

hochelaga

**19**

rouen

pie IX

**11**
ancien marché

**10**

ontario

**6**

**5** **3** **4**

desjardins

**18**

viau

sicard

théodore

st-clément

la fontaine

**7**

boul. morgan

de lasalle

**8**

**13**

**17**

adam

**12**

letourneux

**16**

ste-catherine

**15**

parc morgan

notre-dame

**9**

parc champêtre

**14**

0'-1000'

**Le château Dufresne**

Maisonneuve qui fut responsable de la construction des bâtiments publics entre 1908 et 1918. Ce dernier, influencé par ses voyages en France, voulut que l'architecte Lebon s'inspire du petit Trianon, de Versailles, pour cette somptueuse résidence destinée à le loger, lui et son frère Oscar, riche industriel dans le domaine de la chaussure.

Il para sa demeure de matériaux de grande valeur, tels que la pierre de l'Indiana, des bois importés; il se paya même le luxe d'un escalier de marbre taillé en Italie et assemblé à Montréal. Le Château, constitué de deux ailes identiques pour y loger les deux familles, fut la première construction en béton armé de Montréal. Ses fondations impressionnantes furent prévues pour résister aux glissements de terrain que l'on constatait depuis fort longtemps tout le long de la rue Sherbrooke.

Le Château, actuellement propriété de la ville de Montréal, logea, depuis sa cession, les classes de philosophie du Collège classique-Externat Sainte-Croix de 1948 à 1957, pour tomber dans l'oubli jusqu'en 1965. Il fut alors occupé de 1965 à 1968 par le musée d'Art contemporain, ce qui fut considéré à l'époque comme un mouvement dans le sens de la démocratisation de l'art. Depuis, il subit l'air du temps, toujours encadré de sa magnifique grille, et des arbres grandioses ombragent ses jardins.

Du Château, nous nous dirigeons maintenant vers le pied du

L'ancien hôtel-de-ville

Caserne "à la Frank Lloyd Wright".

coteau en empruntant le boulevard Pie IX, longeant la partie
ouest des installations olympiques (détails en annexe), actuellement en construction, et la station de métro Pie IX dont
l'ouverture est prévue pour le
printemps de 1976.

Arrivés à la hauteur de la rue
Hochelaga, nous découvrons un
premier complexe scolaire, celui
des écoles Saint-Jean-Baptiste-de-
la-Salle **2** construites en 1911.
L'architecture scolaire à Maisonneuve est remarquable par son
allure imposante, la qualité de ses
matériaux et la dimension de ses
dégagements au sol. Ceux-ci sont
des exemples typiques d'une
architecture de façade aux entrées
principales majestueuses et aux
encadrements de fenêtres en
pierre de taille, tout à l'image de
l'importance que les citoyens de
Maisonneuve accordaient à
l'éducation.

Nous nous rendons ainsi
jusqu'aux voies ferrées du Canadien National. Permettons-nous,
en tournant à gauche, une incur-
sion hasardeuse sur ce ruban
d'acier qui, pour un instant, nous
transportera au coeur du développement industriel du temps.

qui traverse l'Est montréalais à
cet endroit, desservait la ceinture
industrielle de Maisonneuve. Au
sud, la ville prestigieuse; au nord,
la campagne. En marchant ainsi
en bordure du chemin de fer, il
apparaît que plusieurs installations, produit du siècle dernier,
ne répondent pas aux exigences
de l'industrie moderne et ne
s'alimentent plus de ces voies; cel-
les-ci sont devenues infernales,
parce qu'elles s'apparentent désormais à la résistance au progrès
de l'homme et à la qualité de son
environnement. En empruntant à
droite l'avenue de la Salle, nous
sentons encore davantage ce conflit entre l'homme qui y vit et
l'homme qui y travaille, même si
de cette rue est disparu le « Montréal Terminal Railway » à traction électrique qui faisait la na-
vette depuis les voies ferrées
jusqu'à la rue Notre-Dame.

Nous arrivons à la rue Ontario
dont l'intersection avec l'avenue
de la Salle est encadrée de deux
édifices imposants, soit la Banque
de Toronto **3** construite en 1903
dans le style français XVIIIe siècle, en terracotta émaillé blanc, et
l'ancienne Banque Molson **4** en
pierre calcaire de Montréal.

Galerie au coin de la rue Adam

Le marché Maisonneuve

En se dirigeant, à droite, vers l'ancien hôtel de ville, nous apercevons au passage (à l'intersection de la rue Desjardins) une caserne d'incendie **5** en brique, oeuvre construite en 1909 par l'architecte Reeves. Le nom de ce dernier est rattaché à la conception et à la construction d'un nombre important de bâtiments résidentiels et de quelques édifices publics et scolaires à Maisonneuve, dont il était l'architecte-inspecteur.

À côté du poste de pompiers, nous reconnaissons l'ancien hôtel de ville **6** construit, en 1912, par Marius Dufresne, alors que son frère Oscar était échevin de la ville. On y retrouve encore, à l'intérieur, le bel escalier de marbre ceinturé d'une rampe en fer forgé, le palier éclairé d'une verrière imposante et le plancher de tuiles taillées en forme de feuilles avec un blason en mosaïque représentant le castor entouré d'une couronne de lauriers, emblème de la ville de Maisonneuve. FIDE ET LABORE. À l'extérieur, on pouvait admirer jusqu'en 1949, année de leur démolition, deux superbes fontaines qui ornaient les parterres de part et d'autre de l'édifice. Le plus illustre occupant de l'ancien hôtel de ville fut sans contredit, à partir de 1926, l'Institut du radium. Ce centre de traitement du cancer fut pendant longtemps un des principaux piliers dans ce domaine et un point de mire du monde entier.

En empruntant, à gauche, le boulevard Pie IX, nous découvrons l'ambiance de ce prestigieux boulevard d'autrefois bordé d'arbres et de belles maisons de brique et de pierre, dont la plupart datent des années 1900.

C'est dans ce cadre enchanteur que nous nous dirigeons maintenant vers la rue La Fontaine, dont l'intersection suivante avec la rue Desjardins est soulignée par l'école du Très-Saint-Nom-de-Jésus **7**. Cette école, flanquée d'un clocheton, sans portique apparent, aux fenêtres cintrées, est remarquable par son architecture de fausses colonnes appliquées, en brique. Légère dans ses proportions et habillée de dentelle, elle est le résultat des jeux de briques, de pierres et d'ombrages. Elle fut construite en 1906 par l'architecte Reeves.

Par la rue Desjardins jusqu'à la rue Adam, nous contournons

**Le parc Morgan**

la façade de l'église du Très-Saint-Nom-de-Jésus **8**, dont les deux clochers constituent un des points de repère importants dans le quartier.

Deux rues plus loin, nous empruntons la rue Letourneux, remarquant au passage une église presbytérienne (1908), en brique rouge, quelques bâtiments résidentiels intéressants dont celui qui est sis à l'angle sud-ouest Létourneux-Notre-Dame. Seuls quelques bâtiments de ce type, avec leur longue galerie à l'étage, existent encore à Montréal.

Tout le long de la rue Letourneux, nous découvrons la silhouette, puis le détail d'une ancienne caserne **9**, à l'allure pour le moins bizarre pour le quartier. Cette ancienne caserne fut, elle aussi, construite sous la direction de Marius Dufresne vers 1914. Cette fois, le constructeur s'inspire nettement du « Unity Temple » construit à Chicago en 1905 par Frank Lloyd Wright, cé-lèbre architecte américain considéré comme un des pères de l'architecture moderne. La caserne copie, par ses volumes, ses jeux de pleins et de vides, ses dégagements en terrasses, ses plate-formes, ses matériaux et même ses détails, l'oeuvre du grand maître américain.

Le regard imprégné de nostalgie, nous nous dirigeons maintenant vers l'entrée du parc Morgan qui garde le souvenir du temps où la rue Notre-Dame était bordée d'arbres et des plus somptueuses résidences et assistait au va-et-vient du port. Aujourd'hui, c'est un trou béant dans la ville, résultat des démolitions massives; demain, ce sera un autre ruban infernal, d'asphalte celui-là: l'autoroute transcanadienne.

Serait-ce une ironie du sort que ce vaste parc, situé en face du parc Morgan et de l'autre côté de l'autoroute projetée, porte le nom de parc Champêtre, si évocateur du temps où le collège Sainte-Marie y occupait, dans l'ombre du grand Montréal, sa maison champêtre? Cette demeure à l'intention des pères et des novices jésuites, de même que les jardins qui l'entouraient, furent abandonnés en raison de l'expansion du port de Montréal et des industries qu'il attirait dans son sillon. La propriété fut finalement acquise par la ville de Montréal, en 1951, et transformé en terrain de jeux, conformément aux désirs de la population.

C'est par la grille centrale située en bordure de la rue Notre-Dame que nous pénétrons dans le parc Morgan, jusqu'au podium juché sur la butte. C'est là que la famille Morgan y habita, jusqu'en 1920, un manoir de 28 pièces entouré de magnifiques jardins. Par la suite, la famille Morgan fit don de $50,000 à la ville de Montréal sur l'acquisition de la propriété, à la condition toutefois que celle-ci ne change pas de destination, c'est-à-dire de parc et de terrain de jeux. Une partie de ce parc, pourtant, sera sacrifiée à la construction de l'autoroute.

De ce podium où jadis l'Harmonie de Maisonneuve conviait la population, nous découvrons une magnifique allée plantée d'arbres avec, dans son axe, le marché Maisonneuve. À gauche, le théâtre Granada nous rappellera le temps si mémorables de l'avènement du cinéma muet à Montréal. Le Rideau-Scope, l'Alhambra, le Napoléon, le Nelson, le Maisonneuve et le Granada étaient autant de places dé-

diées au 7e art, sans oublier, plus à l'ouest, le Laurier Palace, où 78 enfants périrent lors de l'hécatombe de 1927. Cet événement fut d'ailleurs à l'origine de toute la réglementation municipale concernant la sécurité et régissant la construction des lieux publics à Montréal.

En sortant du parc, nous parcourons la distance qui nous sépare du marché en passant successivement devant l'église anglicane Saint-Cyprien, le Maisonneuve School, l'école Chomedey de Maisonneuve, puis, à droite, le bain et gymnase de Maisonneuve **10**. Cette oeuvre, construite en 1915 par Marius Dufresne, illustre, par l'exubérance de sa façade, toute l'importance qu'accordait la ville de Maisonneuve à son titre de ville résidentielle incomparable, propre et salubre. L'intérieur de l'édifice a, depuis, été modifié. Un bureau des Postes devait, à l'origine, être érigé en face du bain public. Ce bâtiment aurait sans doute fourni au marché l'encadrement que souhaitait son constructeur.

Le marché **11**, l'oeuvre la plus personnelle et la plus originale de Marius Dufresne, fut terminé en 1914. Le bâtiment, constitué d'un corps principal surmonté d'un fronton et flanqué de deux ailes, illustre bien par ses dimensions, sa symétrie et son dégagement par rapport à la rue, le caractère public des lieux. La présence du dôme qui coiffe l'édifice fait de la place du marché un point de repère dans le quartier et surtout dans la perspective du boulevard

Morgan, ligne dominante du plan d'urbanisme de la ville de Maisonneuve.

À l'aube de la dernière guerre mondiale, le marché Maisonneuve, complété par des arches couvertes à l'est du bâtiment principal, était essentiellement un marché de bétail, contrairement au marché Bonsecours, dans le Vieux-Montréal, dont la fonction était celle d'un marché de gros. Maintenant que ces arches sont disparues et avec elles la vie, l'animation et la couleur qu'offre une place de marché, il ne reste plus qu'un environnement dénudé où seule, noyée dans un vaste stationnement, une fontaine allégorique, ornée en son centre de la statue d'une fermière, rappelle la fonction première de cet emplacement. Cette statue, oeuvre d'Alfred Laliberté, fut la première pièce de bronze de cette importance coulée au Canada.

Il est à souhaiter que le marché et sa place soient réaménagés bientôt en un carrefour vivant, destiné aux citoyens de Maisonneuve, afin que soit redonné à cette place son sens premier de l'échange et des contacts humains.

Du marché, nous retournons en direction du boulevard Morgan jusqu'à la rue LaFontaine que nous empruntons vers la gauche. Les arbres, les escaliers si typiques de Montréal, les balcons, les façades de brique brune, défilent sous nos yeux, tandis que l'on traverse l'ancienne ferme Bennett dont les rues William-David, Bennett et Aird rappellent

respectivement le nom du petit-fils, du propriétaire et de son épouse.

Rue Sicard, à droite, combien de souvenirs renferment ces façades de pierre grise! Et combien étonnante, lorsque nous tournons, à gauche, rue Adam, la découverte de cet ensemble de maisons dont les grandes galeries du rez-de-chaussée, faisant les coins de rues, sont les témoins vivants d'une époque pas si lointaine où les rues étaient le lieu de rendez-vous de la vie sociale du quartier.

De là, à travers une rue bordée d'arbres et de belles résidences, nous pénétrons, en traversant la rue Théodore, dans l'ancienne paroisse de Viauville. 12

Cette dernière, dont l'appellation vient de son bienfaiteur, Charles-Théodore Viau, fut fondée en 1898. Monsieur Viau, qui mourut la même année, avait fait don de plusieurs de ses terrains sur lesquels furent construits l'église, le presbytère et l'école actuelle. Non seulement était-il à l'origine de la fondation de la paroisse, mais on lui doit aussi les premiers développements urbains de la municipalité. En effet, il y divisa ses terres, traça des rues bordées de trottoirs et d'arbres et élabora même des règlements de construction; les lots devaient avoir cent pieds sur cent; les maisons obligatoirement à deux étages, en brique avec façade en pierre, devaient être à dix pieds du trottoir.

Maintenant, toujours sur la rue Adam, nous passons devant

le couvent Sainte-Émilie **13** et son parc ombragé, avant de tourner à droite sur la rue Saint-Clément. À l'arrière-plan se détachent les bâtiments de la compagnie maritime Vickers **14** qui contribua en grande partie au développement de la ville de Maisonneuve et dont les installations étaient considérées, à l'époque, par les Anglo-Saxons, comme « the largest dry dock in the Dominion »

Au coin de la rue Sainte-Catherine, arrivés à proximité de la Banque de Montréal, dirigeons-nous vers la gauche au-delà de la rue Viau: deux belles résidences d'époque **15** font face à une imposante conciergerie des années 50. Avant de remonter la rue de Ville-Marie notons, au passage, au coin nord-est de la rue Sainte-Catherine, un ensemble résidentiel de conception plus récente et plus industrialisée **16**, mais dont on ne peut nier la clarté et la simplicité d'architecture. Empruntons ensuite la ruelle entre la rue Ville-Marie et la rue Viau. Ce détour nous permet d'apercevoir, en enfilade, une partie du réseau de ruelles de Maisonneuve. En remontant la rue Viau, nous découvrons de nouveau l'église Saint-Clément de Viauville **17** qui, sans être le bâtiment original de 1898, lui ressemble beaucoup. C'est, en effet, le même architecte, Joseph Venne, qui fut chargé de l'agrandissement de la première église entre 1913 et 1914. Par la suite, en 1923, le curé de la paroisse fit fermer les quatre fenêtres de la voûte et installer un puits de lumière. Plus tard, en 1926, à la suite d'un incendie criminel, le même curé, le curé Desjardins, dota l'église d'un système de gicleurs automatiques, le premier à être installé au Canada dans un édifice religieux. La visite de l'intérieur de l'édifice permet d'admirer l'originalité de la structure à la croisée de la nef et des transepts. À la sortie de l'église, les maisons que l'on aperçoit de l'autre côté de la rue Adam datent de la toute fin du siècle dernier, l'une étant le presbytère, l'autre l'école de la paroisse.

À l'intersection de la rue Viau et de la rue LaFontaine, avant de nous diriger vers l'est, un coup d'oeil vers l'arrière nous permet de voir l'imposante abside de l'église Saint-Clément de Viauville, tandis qu'en face de nous, dans le prolongement de la rue LaFontaine, se découpent, à l'arrière-plan, les fonderies et la cour de triage de la Longue-Pointe.

Maintenant, à gauche, en prenant une ruelle calme et ombragée, apparaissent dans une perspective inattendue les quais d'embarquement de la biscuiterie Viau **18**. Cet édifice, dont nous longerons le côté ouest, fut construit en 1907 par Théodore Viau, le fils de Charles Théodore Viau, et son architecture de brique est typique des bâtiments industriels de l'époque. Pour rejoindre la rue Saint-Clément, il faut de nouveau longer les voies ferrées de l'ancien Great Northern ce qui nous donne l'occasion de revoir le marché et son dôme.

La rue Saint-Clément, entre la rue Rouen et la rue Hochelaga, est bordée par des maisons du temps de la guerre **19** qui nous rappellent la proximité de l'Ordonnance de la Défence nationale située à Longue-Pointe.

Au delà de la rue Hochelaga, nous pénétrons dans le parc Théodore pour ensuite nous promener à l'intérieur d'un ensemble résidentiel récent, construit en 1971 par la ville de Montréal **20** dans le cadre des programmes de logements à loyer modique. Cet ensemble de 208 logements reçut d'ailleurs le prix du meilleur projet d'architecture résidentielle au Canada pour la même année.

En sortant du complexe d'habitations, nous arrivons à la fin de notre périple, face au métro, à l'aréna Maurice-Richard et aux installations olympiques.

Cette promenade nous a permis de mieux connaître un coin de Montréal qui a su rester à l'abri de la dégradation, malgré ses trois quart de siècle; c'est grâce à ses qualités premières que Maisonneuve est encore un quartier propre et agréable tout comme il pouvait l'être dans l'esprit de ses fondateurs.

## *Annexe*

### Le parc olympique, le parc Maisonneuve et le Village Olympique

Il eût été dommage d'omettre, dans cet ouvrage, une description même sommaire des installations des Jeux olympiques de 1976, dont les travaux d'aménagement et de construction sont actuellement en cours.

Nous proposons donc à ceux qui seront attirés par le chantier gigantesque ou à ceux qui pourront en 1976 visiter l'ensemble achevé, certaines explications générales permettant aux curieux ou aux visiteurs de se familiariser avec les lieux.

L'élément principal et dominant du parc olympique est sans contredit le complexe stade-piscine-mât qui se dresse au centre du terrain. Nous pourrons y accéder à partir de la rue Boyce par un des escaliers donnant accès à une plate-forme supérieure.

À l'est et adjacent au stade se dresse le vélodrome dont les travaux devaient être terminés à temps pour les championnats du monde cycliste de 1974. La structure de sa calotte hémisphérique, originale dans sa conception, repose essentiellement sur quatre points d'appui au sol et est formée de six grandes nervures en arc. Il n'y a donc aucun pilier intermédiaire, bien que la dimension autoporteuse de cette toiture ait environ 500 pieds de long.

Au centre du parc, on aperçoit le stade multifonctionnel de forme elliptique, soutenu par 34 consoles de même forme et pouvant contenir, à l'abri des intempéries, jusqu'à 70 000 spectateurs. C'est ici qu'auront lieu, sous une membrane légère composant la partie amovible de la toiture, les compétitions d'athlétisme. L'élément constituant l'attraction dominante du complexe est sans doute le mât, espèce d'édifice tri-

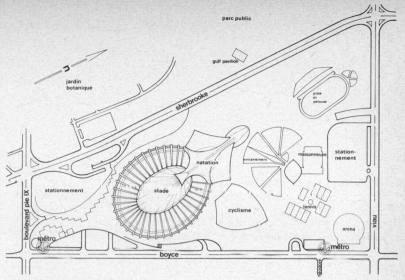

**Le site des Jeux Olympiques**

pode de 525 pieds de haut dont une partie, en porte-à-faux, abrite le centre nautique, troisième élément du complexe. Les amateurs de grand panorama pourront avoir accès à une terrasse sur le toit du mât en empruntant un ascenseur extérieur.

En contournant le stade, nous pourrons nous diriger vers le parc Maisonneuve en passant sous le viaduc-piétons de la rue Sherbrooke. Ce parc est occupé en partie par le Jardin botanique à gauche et en partie par le golf municipal vers lequel nous nous dirigeons pour atteindre l'ancien golf Viau (extension au golf municipal), site tant controversé du village olympique. Il y eut d'ailleurs, depuis les années où le site fut acquis en 1915, plusieurs critiques sévères toujours plus actuelles les unes que les autres. En effet, des situations identiques faisaient écrire, en 1953, à Louis Dupire,

grand journaliste de l'époque:

« Il nous a fallu une vigilance de chien de garde pour empêcher que l'on empiétât trop sur le parc de la montagne, le parc La Fontaine et sur le parc de Maisonneuve. Nous ne tolérerons pas que l'on cède d'un coup plusieurs acres de terre qui, avec l'agrandissement de la ville, seront bien nécessaires... pour ménager un asile contre le bruit et la saleté ambiante aux populations de l'Est. Nous ne serons pas assez sottement criminels pour nous départir d'une richesse qui ne rapporte pas grand chose à l'heure actuelle parce que nous avons eu soin de ne pas le mettre en valeur. »

Un événement aussi prestigieux et grandiose soit-il, pourra-t-il jamais justifier que l'on sacrifiât 18 acres d'un parc à la construction d'une cité-jardin de quelque 1,000 logements?

# Le plateau Mont-Royal

**Denys Marchand**

Quels éléments choisir, quelle rue présenter dans tout cet assemblage où certains monuments dominent, bien sûr, mais où telle résidence ou telle corniche peuvent devenir une légende, où l'architecture et la vie ne font qu'un? Car, malgré quelques réalisations récentes, dont peu sont remarquables, la majorité des bâtiments datent de quatre-vingts à quarante ans et portent en eux la marque de l'artisan.

Devant ce quartier, je n'ai pu trouver mieux que de vous inviter à de longues promenades que l'on fait sans se presser, de celles que l'on arrête puis recommence au coin de la rue, de celles où l'on a le temps de regarder.

Voir, voilà ce qui importe. Voir. Non pas classer, non pas cataloguer. Voir. Regarder et voir. De prime abord, dans une de ces petites rues — Saint-André, Chambord, Garnier — par une belle journée, on peut se sentir étranger observé par tous ces gens sur leur balcon, leur galerie, à leur fenêtre. On est étranger jusqu'à ce que l'on comprenne que l'on fait partie d'un paysage dynamique, d'un paysage urbain qui appartient à tous ceux qui le pénètrent. On vous regarde, mais vous pouvez regarder, vous êtes acteur et spectateur dans ce spectacle dont le fond de scène ne dépasse pas trois étages et où tous ceux qui s'y trouvent peuvent sentir une relation tangible entre eux. Un coin de la ville leur appartient alors, un monde familier, parfois un peu exclusif, mais toujours à la dimension de tous les sens. On aura beau s'évertuer à parler de densité, d'espace libre au sol, de construction en hauteur, on deviendra vite étranger à sa propre ville si cette relation n'est pas maintenue d'une façon ou d'une autre.

C'est cette échelle, cette relation qui rendent le quartier si attachant. Les grandes rues envahies par la circulation ont perdu un peu de leur charme, mais conservé beaucoup de leurs vieilles façades; les petites rues sont souvent mieux conservées.

Avant de s'y introduire, essayons d'abord de définir un peu le plateau Mont-Royal.

Le territoire est très vaste: 1 093 acres qui s'étendent entre la rue Sherbrooke au sud, la rue Saint-Denis à l'ouest, alors qu'au nord et à l'est, les rails du Canadien-Pacifique ont tranché la question des frontières il y a plus d'un siècle.

À l'origine, territoire agricole, le plateau est divisé, vers le milieu du XIXe siècle, en quatre villages

**Irremplaçables menuiseries victoriennes de la rue Saint-Denis**

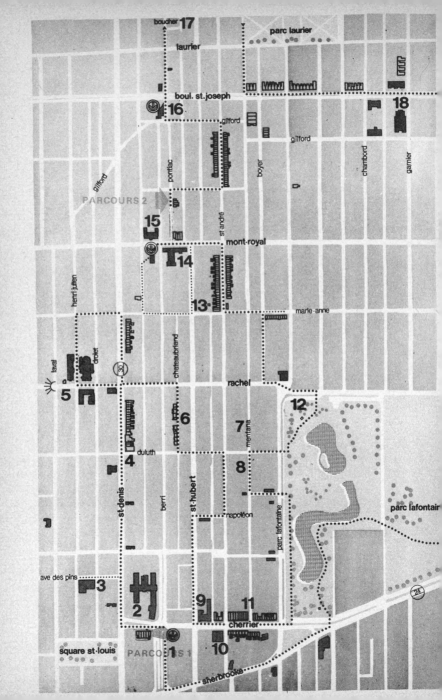

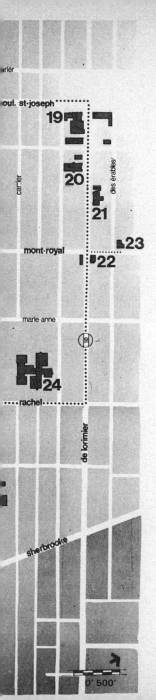

incorporés; ce sont les villages de Saint-Jean-Baptiste, Saint-Louis du Mile-End, Côte-Saint-Louis et Côte-de-la-Visitation, qui seront annexés peu à peu à Montréal au début du siècle.

La construction a littéralement couvert ce secteur au cours de la période s'étalant entre 1880 et 1930, ne laissant libres pratiquement que les grands parcs, Lafontaine, Laurier et Baldwin. Cette construction est à 90% de caractère résidentiel, si l'on considère l'intégration fréquente du commerce au rez-de-chaussée.

Une telle façon de couvrir le terrain a conduit à une des densités les plus élevées de Montréal, soit environ 102 personnes à l'acre communautaire. La population du secteur s'élève à environ 90 000 personnes

Et pourquoi le nom de plateau? Il est sûrement ancien, et on le comprend facilement lorsque l'on monte la côte qui sépare la rue Sherbrooke de la partie basse de la ville et que l'on fait face, par exemple, au parc Lafontaine. Un immense plateau s'étend alors devant nous, dominé à l'ouest par la masse du mont Royal. Aucun valonnement, aucun accident géographique n'est perceptible.

Le métro traverse le plateau en nord-sud et le dessert par trois stations, soit les stations Sherbrooke, Mont-Royal et Laurier. Ces stations vont nous servir de point de départ pour découvrir à pied cette partie de Montréal. Pour ce faire, je vous suggère deux longs parcours que vous pourrez subdiviser chacun en deux.

## Premier parcours, à partir de la station Sherbrooke

S'il faut commencer par la plus ancienne partie du secteur, c'est quand même les premiers contre-coups du centre-ville que l'on aperçoit en sortant de la station rue Berri 1; Place du Cercle et l'École d'hôtellerie témoignent de la nécessité de rentabiliser des terrains, nécessité qui tient lieu de philosophie dans la plupart des développements urbains...

En prenant la rue Berri vers le nord, puis la rue Cherrier vers la rue Saint-Denis, on a alors à sa droite l'immense Institut des sourds-muets 2, mais on découvre à gauche, au bout d'une série de façades de brique à chaînage de pierre, une haute maison de pierre de taille (la façade seulement, bien sûr...). Celle-là, ainsi qu'une autre plus haut, rue Saint-Denis, au 3690, dont le rez-de-chaussée n'a pas encore été attaqué par les commerces, témoignent bien des débuts du quartier.

Robert de Roquebrune, dans "Quartier Saint-Louis," parle de son enfance passée dans l'une de ces maisons de la rue Saint-Denis, où sa famille s'installe en 1897. C'est l'une de ces immenses maisons familiales qui ont précédé les « flats » dans le quartier et qu'on retrouve pour la plupart maintenant transformées en plusieurs appartements ou en « maisons de chambres »

Étroites et hautes, de trois ou quatre étages avec entrée secondaire située sous le perron, accédant à un rez-de-chaussée plus ou

L'Institut des sourds-muets

moins haut, pourvues d'un large escalier conduisant à l'étage, ces maisons étaient immenses. Elles comportaient souvent deux salons ou un salon double, une salle à manger, des cuisines et cinq ou six chambres plus — pour en référer à de Roquebrune — nombre de « petites pièces sans attribution bien définie ». Ces maisons de la moitié du XIXe siècle se répartissaient donc en trois ou quatre pièces importantes sur autant de niveaux, le tout relié par de magnifiques escaliers pourvus de quartiers tournants que l'on jugerait aujourd'hui comme d'encombrants traquenards.

Mais l'on doit suivre le petit garçon d'environ cinq ans qu'est alors Robert de Roquebrune. Il échappe à l'attention maternelle,

**Église Saint-Jean-Baptiste**

ouvre la porte, descend ce large escalier. Un instant étonné par la largeur de la rue, il ne se laisse pas distraire par les tramways à chevaux qui circulent alors et va explorer du côté de l'avenue des Pins.

Et si, rendu là, l'enfant est surpris de se trouver presqu'à la campagne, (c'est à peine, raconte-t-il, si l'on aperçoit des maisons derrière les arbres et les champs), la ville à venir est déjà inscrite dans le cadastre. En effet, entre 1850 et 1875, les longues terres du cadastre français, qui s'étendaient en nord-sud à partir du fleuve, ont été découpées en fines tranches de 20, 25 ou 30 pieds de largeur, sur des profondeurs variant, suivant les terres, de 70, à 120 pieds. Heureusement, à ce mo-

ment-là, le principe de la ruelle était adopté, dégageant quelque peu les maisons pour lesquelles on conserve la coutume du mur mitoyen. Ce mur mitoyen permet d'économiser sur les revêtements extérieurs — on n'a pratiquement qu'une façade à construire — ainsi que sur le chauffage, les maisons se protégeant l'une l'autre. Par contre, cette pratique, combinée avec l'étroitesse des lots, oblige à d'importants escaliers que l'on trouve à l'intérieur pour la maison privée, mais que l'apparition des « flats » va repousser à l'extérieur. Ces « flats », bien connus de la plupart des Montréalais, on les voit pour la plupart dans des maisons de trois étages, chaque étage constituant un seul logement s'étendant en profondeur, d'où le nom emprunté aux Anglais. C'est pour conserver le plus d'espace à l'intérieur de ces étroites maisons que les constructeurs de l'époque nous ont gratifiés de ces fameux escaliers extérieurs.

Les rues, elles aussi, ont suivi la conformation des terres, de sorte que l'on s'est retrouvé avec quantité de rues en nord-sud, alors que les rues en est-ouest beaucoup moins nombreuses doivent leur existence, soit à la prévoyance des édiles du temps, soit au hasard et à ses caprices, comme on peut le constater avec les rues Napoléon et Gilford.

Mais revenons-en à l'intersection de la rue Saint-Denis et de l'avenue des Pins. Pour nous, la surprise, si nous nous avançons un peu vers l'ouest sur cette avenue, consiste en ce surprenant château pour soldats de plomb qu'est le manège militaire des Fusiliers du Mont-Royal **3**, avec ses créneaux et tourelles de tôle, ça vaut le coup d'oeil. Revenons alors sur nos pas pour admirer avec un certain recul l'immense Institut des sourds-muets dont la petite coupole argentée domine le secteur depuis 1900. L'institut est fondé en 1851 par les Soeurs de la Providence. En 1863, Côme-Séraphin Cherrier, avocat associé à Denis-Benjamin Viger, qui a subdivisé ses terrains et donné son nom à une rue, fait don du terrain à l'institut. Les premiers bâtiments sont construits en 1863 et 1864. Mais là, une particularité du territoire montréalais rentre en jeu: la glaise dont on trouve une épaisseur de 40 à 50 pieds à cet endroit. Le nouvel institut s'enfonce peu à peu, si bien qu'il doit être remplacé. Le Père Joseph Michaud, C.S.V., établit des plans en collaboration avec *huit* architectes et le bâtiment actuel prend forme entre 1882 et 1902.

Le corps principal du bâtiment qui donne sur la rue Saint-Denis repose sur 1 700 pieux et une dalle de béton de deux pieds. On n'a pas voulu courir de risque... mais cette malheureuse aventure s'est répétée un peu partout dans la partie sud du plateau et, entre les rues Duluth et Cherrier, on a l'occasion de voir plus d'une maison s'affaisser en son centre ou prendre appui sur sa voisine.

En montant la rue Saint-Denis vers le nord jusqu'à la rue Rachel,

il faut se tenir du côté ouest de la rue pour mieux profiter des façades du côté est qui reçoivent le soleil de l'après-midi et qui, sur cette rue, sont aussi les plus belles. Entre autres, cette toiture mansardée, en ardoise, au coin nord-est de la rue Duluth avec ses curieux lanterneaux au-dessus des entrées **4**.

Cette rue Duluth, autrefois Saint-Jean-Baptiste, marque eu près la limite de l'ancien village du même non annexeé à Montréal en 1886.

Parvenu à l'intersection de la rue Rachel, il faut s'arrêter un instant pour sentir l'échelle et l'importance du mont Royal, qui termine la perspective ouest de la rue et que l'on trouve toujours présent dans le quartier dès que l'on emprunte une rue est-ouest ou le dégagement d'un parc. Mais ici, aujourd'hui, si le temps est clair, vous verrez au bout de cette perspective, dans les frondaisons au pied de la montagne, s'envoler l'ange du monument de Sir George-Étienne Cartier... Plus près de nous cependant, entre la rue Drolet et l'avenue Laval, on trouve un des noyaux urbains les plus intéressants du secteur. Coeur de l'ancien village de Saint-Jean-Baptiste **5**, on trouve là toute la fierté de ses anciens occupants. D'abord, l'église baroque avec ses clochers à coupole et festons de pierre, construite en 1899 sur les ruines de l'ancienne église bâtie en 1875; en face le pensionnat Marie-Rose, construit en 1876 (mais entouré d'annexes plus récentes); du côté ouest de

Fresque, rue de Châteaubriand

l'église, l'hospice Auclair, construit à force de quêtes et
d'aumônes entre 1894 et 1896 et
destiné aux vieillards et aux
orphelins; à l'arrière de l'église,
sur l'avenue Henri-Julien, le
presbytère enfin, d'une excellente
composition avec une petite
allure fin moyen-âge, début de la
Renaissance française et qu'on
croirait voir sortir du dictionnaire
de Viollet-Le-Duc.

Cet ensemble de constructions
de pierre est sans doute un des
plus beaux et des plus complets
qui nous reste de cette époque.

Quant à être avenue Henri-Julien, aussi bien continuer vers le
nord pour voir où demeuraient
ceux qui ont financé ces constructions... De là, par la rue Marie-
Anne, on revient rue Saint-Denis
à la rue Rachel. Toujours ces
façades, balcons, corniches de la
rue Saint-Denis, spécialement du
côté est. Mais, si l'on revient à la
rue Rachel, ce n'est pas tellement
pour cette rue, (rares sont les rues
est-ouest qui présentent un intérêt
particulier dans leur architecture)
ni pour la chandelle, style 1960,
qui en bloque la perspective, mais

pour descendre vers le sud, avenue de Châteaubriand **6**. Avenue?
Rue, ruelle plutôt, c'est entre les
deux. C'est aussi une révolte contre la laideur et la détérioration.
Ces maisons peintes racontent un
monde en soi. Construites comme
maisons de fond de cour, comme
on le faisait avant l'apparition des
ruelles, pour utiliser au maximum
le terrain, elles ont toujours été le
symbole et l'apanage de la pauvreté, du citoyen de second ordre.
L'application du code du logement, les incendies les font disparaître peu à peu, mais elles existent encore en quantité. Ces
murales, on peut les trouver belles ou laides, peu m'importe, elles
sont à la fois une prise de possession et une négation de
l'environnement.

La rue Duluth nous conduit
dans la rue Saint-André que l'on
descendra jusqu'à la rue
Napoléon.

Cette rue Saint-André, c'est le
bon endroit pour se poser des
questions sur l'avenir du quartier.
L'âge, le feu, la spéculation ont
pris leur part des maisons
d'origine, plus sobres que dans les
grandes rues. Au nord de la rue
Duluth, les habitations à loyer
modique **7** de la ville ont remplacé
une ancienne laiterie et, tout en
conservant la même densité que le
quartier environnant, atteignent
neuf étages de hauteur, dominant
ainsi tout l'environnement. Par
contre, en descendant vers le sud,
on découvre une série de concier-
geries de pierre artificielle ou de
brique blanche **8**, imbriquées dans
la trame, mais triplant la densité

**Façades, rue du Parc Lafontaine**

**Ensemble domiciliaire, rue Marianne**

d'origine sans dégager le sol.

La petite rue Napoléon nous conduit à la rue Saint-Hubert, grande et magnifique rue bourgeoise du début du siècle. Et, d'abord, au coin sud de la rue Napoléon, cette magnifique façade de conciergerie, mi-classique, mi-art nouveau. Un peu plus bas, vers les numéros 3870 et quelques, Mme A.A. Lantier, le 20 août 1889, signait un contrat avec « Mssrs Jos Lambert et fils » pour la construction d'une maison suivant les plans numérotés 1 à 3 et les devis manuscrits de M. John Siegel architecte « agissant »... Le tout, pour la modique somme de $4035, à laquelle s'ajoutaient deux extras de $69 et $25 concernant la pierre de façade. On a ici un compromis

entre les grandes maisons familiales de la rue Saint-Denis et les « flats »: on trouve un logement au rez-de-chaussée, alors que les deux étages constitueront la demeure du propriétaire.

Nous voilà ainsi revenu, à la rue Cherrier qui nous conduit vers le parc Lafontaine. D'abord, cette école Cherrier **9**, au coin de la rue Saint-Hubert, dont l'appareil de brique nous amène au début de l'architecture moderne, puis de l'autre côté de la rue, en biais, la Palestre nationale **10** construite en 1916, dont l'entrée nous ramène au baroque ou ailleurs... Et puis à nouveau, de l'autre côté de la rue, cette épicerie avec sa tourelle de coin reposant sur une colonne de fonte... Et plus loin encore, en retrait de la rue, adossée à une immense conciergerie, une grande résidence **11** qui nous fait remonter à la Renaissance anglaise. On n'en voit plus maintenant que l'arrière. Vers 1830, elles étaient quatre ou cinq à dominer la rue Sherbrooke et la basse-ville, avec leurs longues allées bordées d'arbres qui se rendaient parfois jusqu'à la rue Ontario.

(Ce parcours peut s'interrompre ici et être repris plus tard.)

Il faut profiter des grands arbres du parc Lafontaine en remontant vers le nord. Les façades de la rue sont comme le quartier, de tous genres et toutes époques. Entre autres, juste avant la rue Napoléon, cette curieuse façade avec ses arches de pierre et ses balcons-loggias; au coin nord-ouest de la rue Napoléon, cette immense maison de quatre étages, presque classique avec ses tablettes de fenêtre en encorbellement, ses chaînages et mascarons de terre cuite sur la façade latérale, alors qu'au bout de la rue Napoléon prenant vue en catimini sur le parc, il y a cette petite maison de brique, peinte en jaune, avec ses balcons renflés et ses vitraux uniques dans le quartier.

Retournons vers le parc par les rues de Mentana et Duluth pour voir le monument de Dollard des Ormeaux **12**, oeuvre d'Alfred Laliberté, dans cette grande tradition d'épopée mystique que fut, un temps, notre histoire du Canada.

Plus au nord, rue Rachel, derrière cette tour qui ferme la perspective est de la rue, quelques belles façades dont la voisine immédiate de la tour témoigne nettement du talent des artisans du début du siècle, alors que devant, dans l'axe de la rue du parc Lafontaine, la caserne de pompiers expose sa curieuse façade qui tente d'avoir l'air symétrique.

Avant de monter la rue Boyer, on peut s'arrêter, rue Rachel, à l'ouest de Mentana, où l'on trouve une excellente petite crêperie. La rue Boyer, entre Rachel et Marie-Anne, conserve un charme particulier avec ses grands arbres et l'on doit s'arrêter à l'angle sud-est de la rue Marie-Anne pour voir cet ensemble particulier de maisons de brique de deux étages avec toitures mansardées et lucarnes d'ardoise.

De la rue Boyer à la rue Saint-André, au coin nord-est de laquelle on trouve un bon exemple de cette intégration du commerce à l'habitation, le mur latéral porte encore un bandeau peint « Épicerie continentale, Marché à beurre ».

La rue Saint-André, **13** vers le nord, conserve un caractère particulier, une originalité propre, difficile à expliquer.

Récemment, ses habitants se sont opposés aux services municipaux pour conserver leurs arbres. Mais il y a plus. On découvre là de grandes galeries extérieures auxquelles certaines modes sont venues, tout à coup, ajouter de grosses colonnes de bois sur pilastres de brique, ou encore, on le verra plus haut, permettre l'invasion des perrons aux lions de ciment...

La rue Saint-André nous amène à l'avenue du Mont-Royal-ou la rue Mont-Royal comme on l'appelle dans ce quartier-où l'on ne fait pas de discrimination, où toutes les voies s'appellent rue, à l'exception du « boulevard » Saint-Joseph, et où la plupart des

L'ancien pensionnat Saint-Basile

Tourelle, rue Rivard

particules sont laissées pour compte.

Si cette rue Mont-Royal constitue l'axe commercial majeur du quartier, elle présente peu d'intérêt sur le plan de l'architecture. À moins que vous ne soyez à l'affût de l'aubaine — et l'on en trouve pour tous les goûts — mieux vaut aller vers l'ouest où la tête d'îlot entre les rues Saint-Hubert et Berri est occupée depuis 1892 par le couvent, l'église et le noviciat des Pères du Très-Saint-Sacrement. **14**

L'église pauvre et grandiose à la fois, avec sa haute nef à plafond plat, ses doubles jubés latéraux et ses imitations de marbre, montre bien ce que pouvait faire la foi dans ces quartiers ouvriers.

En diagonale, de l'autre côté de la rue, l'ancien pensionnat Saint-Basile **15**, devenu l'école Marie-des-Anges et maintenant annexe à l'école d'Arcy McGee, construit en 1895 et 1896, dresse une imposante façade de pierre coiffée d'un clocheton élaboré, que le dégagement de la station de métro, en face, permet de voir dans toute son ampleur.

Avant de vous engouffrer dans le métro, si vous n'êtes pas trop fatigué, prenez le temps de jeter un dernier coup d'oeil sur la rue Saint-Hubert au sud de Mont-Royal, la rue des « bourgeois » de la paroisse, pour la comparer à la rue Rivard en passant par la rue Marie-Anne. Rue Rivard, il y a quelques façades de brique avec linteaux de bois sculpté, mais surtout au 4380, une solution spéciale au problème des escaliers. Celui-ci est en spirale dans une tourelle de bois accrochée à la façade.

## Deuxième parcours, à partir de la station de métro Mont-Royal

La station Mont-Royal est une des belles stations du réseau et il vaut la peine de s'y attarder avant d'en sortir, juste en face de l'ancien pensionnat Saint-Basile mentionné plus haut.

La rue Pontiac où l'on s'engage en face de l'église Saint-Sacrement, typique du quartier, nous fait voir aussi ces maisons du temps de la crise où l'on n'a construit que le rez-de-chaussée, attendant des jours meilleurs pour ajouter un ou deux étages qui ne sont jamais venus.

La rue Bienville nous mène à la rue Saint-André avec ses « modes », et par la rue Gilford on touche à la station de métro Laurier. **16**

Si l'aspect extérieur de cette station peut dérouter, l'intérieur d'un fonctionnalisme pur et dépouillé en fait l'une des stations les plus remarquables.

La rue Berri, en traversant le boulevard Saint-Joseph, nous conduit vers le nord. Cette rue, autrefois rue des Tanneries, puis rue des Carrières, était alors en continuation avec ce qui est maintenant le tronçon ouest de la rue Gilford et traversait au nord les chemins de fer pour devenir le chemin de la Côte Saint-Louis, maintenant rue des Carrières

dans le quartier Rosemont.

Elle constituait alors une sortie de la ville et une des voies principales du village de Côte-Saint-Louis incorporé en 1846. La petite histoire de Montréal raconte que ce village fut appelé la « Tannerie » à cause de son industrie, mais aussi village des Pieds-Noirs, parce que, disait-on les travailleurs des carrières d'où sortit la presque totalité de la pierre de façade que l'on vient de voir, s'installaient le soir, pieds nus, au seuil de leur demeure...

Il ne reste de cette époque que deux vieilles maisons de pierre **17** au coin des rues Lauzon et Boucher. Les encadrements des fenêtres et des portes de ces maisons n'en démentent pas les origines.

Par la rue Boucher, on peut gagner le parc Laurier et la rue de Mentana et rejoindre le boulevard Saint-Joseph. Le « boulevard » conserve, malgré la circulation, son charme des années 20 à 30 où il constituait un lieu de résidence privilégié. On peut y voir une construction manifestement en série, encore soutenue par la qualité du travail de l'artisan dans ses dernières manifestations: détails de pierre, appareils de brique, vitraux.

Un des heureux dégagements urbains est amené pas le parc, devant l'église Saint-Stanislas de Kotska **18**, un autre de ces noyaux paroissiaux avec ses trois écoles, qui conserve son charme et son caractère d'origine.

L'église, construite en 1911, offre un des beaux intérieurs de l'époque où marbre et travertin

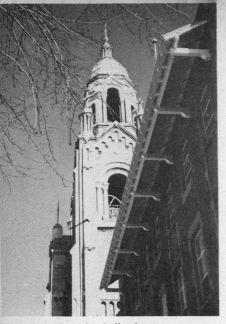

Saint-Stanislas de Kotska

Maison du temps de la "Tannerie".

réussissent à rejoindre le plâtre sans passer par les habituelles imitations.

La rue Garnier, au nord, nous offre une série de grandes maisons d'appartement pourvues de vastes galeries en arc de cercle, épousant la projection du salon.

Plus à l'est, enfin, comme extraits d'une campagne toscane, les clochers aux toits de tuile de l'église Saint-Pierre Claver **19** (1914) marquent l'intersection de l'avenue de Lorimier.

(On peut interrompre ici ce second parcours).

L'avenue de Lorimier, qui conserve encore ses grands ormes, vaut la promenade. Elle est apparue à peu près en même temps que la rue Saint-Denis, mais, comme axe nord-sud de

l'ancien village de Côte-de-la-Visitation, et son évolution est celle du plateau.

Mais elle a aussi sa petite histoire. En 1845, elle s'appelait Colborne d'après le « brûlot » des patriotes de 1837, 1838. En 1883, on lui donnait le nom de François de Lorimier, patriote exécuté en 1839 suite à sa condamnation par la Cour martiale, créée par Colborne...

En descendant cette avenue à partir du boulevard, passé le noyau de l'église Saint-Pierre Claver et ses écoles, on trouve le soubassement de l'église Saint-Dominique, **20** jamais terminé, et en biais, l'école Saint-Dominique **21**, construite en 1910. Ici, comme à quelques endroits dans l'Est, la création d'une paroisse irlandaise catholique n'a pas connu le succès escompté.

On trouve, au coin sud-est, de l'avenue Mont-Royal, un bel exemple de succursale banquaire **22**, qui date de l'époque où ces institutions, se livrant une guerre de prestige, ont doté la ville de très belles réalisations.

Plus à l'est, avenue du Mont-Royal, on peut s'arrêter devant la caserne de pompiers de Lorimier **23**, avant de continuer notre descente jusqu'à la rue Rachel qui nous conduira au parc Lafontaine.

L'école secondaire polyvalente Jeanne-Mance **24**, rue Rachel, est une des rares bonnes réalisations contemporaines dans le plateau Mont-Royal.

Le parc Lafontaine, il faut le voir par un chaud dimanche de printemps ou d'été pour comprendre son rôle et son importance. Ces jours-là, on a parfois peine à trouver une place pour s'asseoir sur le gazon... Et ceux qui croient que la présence de ce parc justifie la construction à très haute densité en bordure de la rue Papineau, ne l'ont certainement pas visité par une de ces belles journées.

Connu autrefois sous le nom de ferme Monarque, puis ferme Logan, vendue au gouvernement du Canada vers 1840 par Sir William Logan, directeur du Service de géologie, ce terrain servit alors pour l'entraînement de l'armée, avant de devenir parc en 1901. Les premiers aménagements se font peu à peu et c'est le premier parc de Montréal à être muni d'appareils de jeux en 1913.

La partie ouest, celle où l'on a aménagé des étangs dans le lit d'un ancien ruisseau, est sans doute la plus agréable.

Face à cette partie ouest, de l'autre côté de la rue Sherbrooke, La Bibliothèque municipale. inaugurée en 1917 en présence du Maréchal Joffre (on s'assurait alors des alliances pour le conflit à venir) expose sa grande colonnade de granit. Pour bien des Montréalais, c'est aussi le souvenir de l'estrade d'honneur des grandes parades de la Saint-Jean-Baptiste.

Ce tour du quartier doit se terminer par le tronçon de la rue Sherbrooke qui nous ramène au métro, en portant attention, à quelques-unes des grandes résidences qui subsistent. Entre autres, à l'angle sud-ouest de la rue Amherst, cette pierre d'encorbellement qui supporte la tourelle d'angle, ou cette maison à l'intersection de la rue Saint-André.

Voilà un tour assez vaste, où j'ai l'impression d'avoir oublié bien des choses. Les résidents du secteur, les amoureux du quartier, ses enracinés pourraient sans doute pointer bien des oublis, mais il faudrait alors des semaines pour tout voir.

# De l'Avenue de l'Esplanade à la place du Marché du Nord

Josette Michaud

Ce n'est surtout pas un quartier. C'est des bribes, des lueurs d'Occident, et parfois même d'Orient; des rencontres et des successions de civilisations, dans l'espace et dans le temps; des trouvailles, des détours, des anomalies; et puis toute la saveur que vous pourrez bien y trouver, si vous avez le courage et la curiosité, quand vous aurez franchi l'avenue du Mont-Royal, de traverser le territoire de l'ancienne Ville Saint-Louis qui fut annexée à Montréal en 1910.

Ça serait même plutôt un continent, un continent qui commencerait sérieusement à s'empoussiérer, avec tout ce que ça comporte de bon et de mauvais, de rassurant et d'inquiétant.

De préférence à bicyclette (1), car, comme dit la chanson, « trois milles à pied, ça use les souliers », vous commencerez votre périple

_____

(1) Si vous préférez aller à pied, vous trouverez sur les cartes du parcours, le nom et l'emplacement des stations de métro à partir desquelles vous pourrez commencer les étapes qui vous intéressent le plus.

Par ailleurs, les cyclistes ne tarderont pas à réaliser que je les lance à contre-courant des sens unique. Dans la ville de Montréal, il n'est pas rare de voir changer le sens des rues, deux fois à l'intérieur de la même année. Qui sait si vous aurez ou non, à modifier ce parcours?...

en profitant de l'occasion pour admirer l'avenue de l'Esplanade. Elle fut ouverte en 1890 sur l'ancienne propriété agricole de l'Hôtel-Dieu; le mur de pierre de la rue Duluth vous dissimule un magnifique verger, dernier vestige de cette propriété agricole. Un verger à quinze minutes de marche de la Place Ville-Marie, voilà qui est réconfortant! C'est donc le coeur léger que vous filez sur l'Esplanade, une des plus belles et des plus agréables avenues de toute la province. On ne sait si son charme tient plus aux arbres et aux parterres du parc Jeanne-Mance qu'aux délicieuses façades des habitations qui regardent le Mont Royal. Des Montréalais « en moyens » étaient venus se construire ici à la fin du XIXe siècle, grande période d'engouement pour le néo-gothique et pour les décors pittoresques et folkloriques.

Cette rue a su garder toute la saveur de l'exubérance de l'époque; ce n'est que loggias, niches, escaliers, crénaux, meurtrières, arcs, tourelles, frontons à la hollandaise, et que sais-je encore? Une ambiance presque sophistiquée.

Au-delà de l'avenue du Mont-Royal, les habitations reprennent une allure beaucoup plus mo-

94

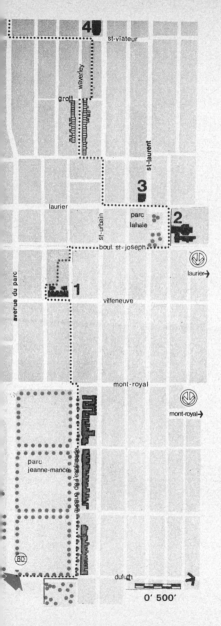

deste. De 1900 à 1920, l'île
s'urbanise à un rythme accéléré; il
faut voir au plus pressé. Certains
projets comme celui de la rue Vil-
leneuve 1, entre Jeanne-Mance et
l'Esplanade retiennent votre
attention. Il est rare de trouver

**Rue de l'Esplanade**

des ensembles montréalais de ce
genre et de cette ampleur datant
de cette époque, (début de la
construction 1910). La clef à
l'énigme de sa cohérence et de son
bon état de conservation réside
sans doute dans le fait que cet
ensemble est resté en possession
de son propriétaire-bâtisseur pendant plus de cinquante ans et
qu'il avait été doté par celui-ci
d'un seul et unique système de
chauffage. Unis par la chaleur,
ces triplex partagent un seul et
même destin, pour le meilleur et
pour le pire, suivant le bon vou-
loir des propriétaires qui ont pris
successivement la relève.

Après être passé par le couloir des ruelles, vous vous engagez vers l'est sur le boulevard Saint-Joseph. Vous rêvez avec nostalgie du temps où ces solides habitations de la bourgeoisie de Ville Saint-Louis se trouvaient face à un boulevard divisé par un terre-plein de 28 pieds de large, ombragé d'une double rangée d'arbres. C'est en 1961, après douze ans de délibérations menées par des conseils municipaux successifs, que l'administration du maire Jean Drapeau trancha la question de façon définitive et donna deux voies de plus à une artère qui en comptait déjà quatre. Les pots de pétunias qu'on installe l'été sur la bordure mitoyenne en béton, sont le relent et le symbole tragico-comique de la glorieuse époque du boulevard Saint-Joseph.

Mais vous voilà presque consolé à la vue du parc Lahaie, le centre de l'ancien Saint-Louis du Mile End (2) et le coeur de l'encore plus ancien village du Côteau Saint-Louis. Une place comme il n'en existe que bien peu à Montréal, autour de laquelle se sont agencés, l'église, le presby-tère, l'école des Soeurs de la Providence, les banques, l'hôtel de ville et le poste des pompiers, sans compter l'Institut des sourds-muets et l'Hôtel des postes, qui eux ont disparu. Le gros bourg du XIXe siècle, né à cause de la proximité des carrières où on extrayait la « pierre de Montréal », englouti qu'il est maintenant dans la grande ville, offre encore sa présence, nous conserve l'impression qu'on est « quelque part », en un point vivant de la ville.

À elle seule l'église du Saint-Enfant-Jésus 2 vaut le déplacement. En 1898, l'architecte Jos Venne reçut le mandat d'agrandir l'église ancienne dont la première pierre avait été posée par Monseigneur Bourget en 1857, et de la doter de la riche façade que nous lui connaissons. Aucune église montréalaise ne possède une façade aussi exubérante. Au-dessus du portique, inspiré de la sobre Renaissance italienne, le traitement se fait léger et rappelle à bien des points la baroque des églises latino-américaines, avec ses anges trompettistes, ses angelots, ses colonnettes, ses niches, ses dentelles de pierre; il atteint son paroxisme dans le raffinement du clocheton, et de la croix qui le surmonte.

Une visite à l'intérieur permettra aux amateurs d'admirer l'impressionnante voûte à huit points d'appui, qui réunit savamment, presque en un seul volume, la fin de la nef, le choeur et les jubés latéraux. Ils pourront aussi y voir les fresques de la chapelle du

---

(2) Ville Saint-Louis porta le nom de Saint-Louis du Mile End, de 1875 à 1900, à cause d'une piste de chevaux qui se trouvait à l'emplacement actuel des rues Saint-Hubert et Saint-André, entre les rues Gilford et Mont-Royal. Certains prétendent qu'à l'époque où ce nom fut donné, il fallait passer près de la borne marquant un mille sur cette piste, pour atteindre le Coteau Saint-Louis. Une autre interprétation veut qu'une distance d'un mille ait séparé cette piste de la rue Bagg, où se trouvait alors la limite de la ville de Montréal.

**Église du Saint-Enfant-Jésus ▶**

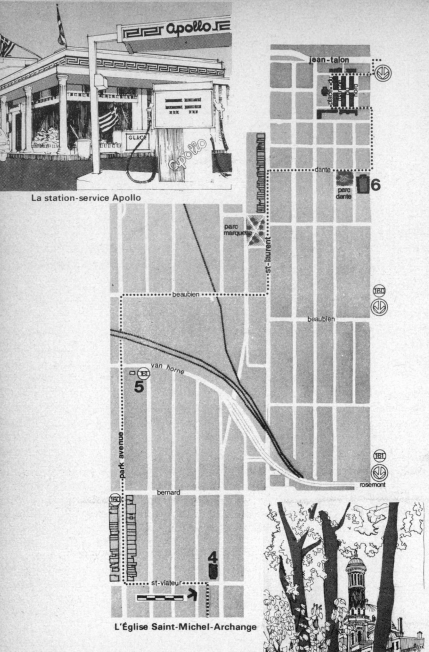

La station-service Apollo

jean-talon

place du nord

dante

parc dante

**6**

parc marquette

st-laurent

beaubien

beaubien

van horne

**5**

park avenue

rosemont

bernard

**4**

st-viateur

L'Église Saint-Michel-Archange

Le royaume étrange de la ruelle Waverly-Saint-Urbain

Sacré-Coeur exécutées par Ozias Leduc de 1917 à 1919, qui, cependant, ont dû être grandement retouchées avec les années.

Pour le bâtiment qui abritait l'hôtel de ville et le poste des pompiers **3,** l'ingénieur-architecte J.-Émile Vanier avait opté, dans le goût de l'époque, pour un style haut-moyen-âge, début de Renaissance française, source d'inspiration pour ces arcs et ces tourelles, pour le balcon à tour de garde et le perron à rampe de pierre et aussi pour ce magnifique détail de pierre sur la rue Saint-Laurent. Pour l'époque, un difficile programme à remplir, si l'on songe qu'il comportait le poste même des pompiers, les écuries, le bureau du chef, le dortoir des hommes, le grenier à fourrage, des bureaux de banque et de poste, sans compter les locaux de l'hôtel de ville.

De là, vous atteignez la rue Waverley, en empruntant les rues Saint-Urbain et Fairmount. La rue Waverley, c'est presque un village transposé en pleine ville. C'est comme si, pour une raison obscure, on avait oublié d'élargir cette rue. Elle a donc su garder ses arbres, ses clôtures à piquets ou en broche ouvragée, ses platesbandes, ses galeries de bois... On y trouve même des potagers. Si vous y passez en juillet ou en août, vous en reviendrez avec l'impression d'avoir traversé un jardin collectif.

La minuscule rue Groll vous fera passer du côté jardin au côté cour. La ruelle, c'est le royaume étrange des palissades, des arbres tenaces, des poteaux téléphoniques, des cordes à linge, des entrées de garage. N'oubliez pas que c'est aussi le royaume dont les princes sont les enfants et avancez avec prudence dans cette voie qui, selon toute vraisemblance, est l'héritière directe des « mews » anglais (rues de service où donnaient les écuries des riches résidences). La ruelle fit son apparition à Montréal vers le milieu du XIXe siècle; elle s'imposa graduellement jusqu'à supplanter tout à fait le mode d'organisation sur cour que les Français avaient légué à Montréal. Elle sera utilisée systématiquement de 1910 à 1945, en raison des avantages incontestés qu'elle offre aux maisons en rangée. Par la ruelle, on distribue le charbon, la ville fait la collecte des déchets ménagers, l'accès éventuel des pompiers est facilité, on peut rejoindre aisément son garage et, du même coup, les logements du rez-de-chaussée gagnent des pièces supplémentaires à l'ancien emplacement de la porte-cochère.

Les ruelles ont fait couler beaucoup d'encre; certains rêvent de les aménager, d'y faire des parcs. Presque chaque année, quelque journaliste, architecte ou paysagiste relance le débat et, tandis que vous roulez paisiblement, vous rêvez d'y organiser un réseau de circulation distinct pour bicyclette. Et pourquoi pas?

Mais officielle ou officieuse, cette voie cyclable vous a quand même mené devant la très surprenante église Saint-Michel-Archange **4** (actuellement de langues anglaise et polonaise) cons-

truite en 1915 sur les plans de l'architecte Alcide Beaugrand-Champagne. À cette époque, Pie X recommandait qu'on s'inspirât des styles de construction des premiers temps de l'Église. Cette directive architecturale nous a valu l'impressionnante coupole sur pendentif peinte par Guido Nincheri, et les vues insolites composées par le minaret, par le dôme et par l'abside, offertes rue Saint-Urbain et dans la ruelle arrière. Cette architecture vous rappelle Byzance et, de là, la Grèce dans laquelle vous vous apprêtez à entrer en obliquant vers l'avenue du Parc.

C'est dans ce secteur, après des tentatives éparses, que la population de langue grecque de Montréal est venue s'implanter, vers 1955, reprenant le territoire désormais délaissé par la communauté juive. Une forte proportion des 50 000 Grecs montréalais fait vivre et fonctionner ce coin de la ville.

Architecturalement, rien de bien émouvant à percevoir. C'est au niveau des vitrines qu'il faut s'attarder. Autant de calligraphie grecque qu'occidentale. Tout un monde culinaire à explorer: baklavas, kebabs, poulpes marinées, feuilles de vigne farcies, confitures aux noms étranges. D'autres commerces vous offrent des surprises d'un ordre différent; ainsi vous pourrez vous faire photographier avec l'Acropole en arrière-plan ou, à l'époque de Pâques, faire monter le portrait de votre rejeton sortant d'un oeuf coloré.

Coupole et minaret de Saint Michel-Archange

En poursuivant vers le nord, à la frontière entre la Grèce et l'Italie, formée par les voies du CP, ne manquez pas d'admirer le temple au dieu du XXe siècle: la station de service Apollo **5**; toute en frise, en colonnes et en portique, dernière née de l'influence de la culture grecque en Occident.

Pour atteindre le quartier des Italiens, il vous faudra subir les zones tristes et mal articulées engendrées par le sillage des voies ferrées: c'est la rançon de l'industrie.

Dans ce quartier, ce n'est pas seulement le temple, c'est tout l'ensemble qui a été construit pour les Italiens. En effet, déjà avant la guerre de 14-18, les Italiens avaient adopté cette région de l'île; ils y cultivaient des potagers. Ils s'adonnent maintenant aux joies du commerce. À lire les écriteaux sur Saint-Laurent, on jurerait que Montréal est une ville unilingue Italienne.

Le noeud social officiel de la communauté italienne se trouve aux abords du parc Dante. En plus du monument au poète, vous attendent l'école Julienne-Falconnieri, inaugurée en 1925, et la curieuse église Notre-Dame-de-la-Défense **6**, dont la construction remonte à 1919, et dans laquelle, si le coeur vous en dit, vous irez voir une seconde coupole sur pendentif et, surtout, le célèbre portrait de Mussolini dans la fresque

L'ancien hôtel-de-ville de Ville-Saint-Louis

peinte par Guido Nincheri (Bis), fresque qui commémore le traité de Latran entre Pie XI et l'État italien.

Mais le coeur du quartier des Italiens, c'est encore plus que jamais le marché Jean-Talon (1934). Ah! la place du Marché-du-Nord! Ce portique de la gastronomie! Tout un monde en miniature.

Les langues française et italienne y font bon ménage. Le « touriste » anglophone se plie à cet usage. Que ne ferait-on pour venir participer à cette foire de l'abondance, à ce régal pour les yeux et l'odorat?

Au centre, sous les abris, la production locale de fruits et de légumes apportée par les agriculteurs; sans parler des oeufs, des fines herbes, des fleurs, du sirop d'érable, de la catalogne, du marché aux plantes au printemps et du marché au sapins en décembre. En périphérie, les fruits et les légumes importés, sur des étals extérieurs qui étaient dans

l'illégalité de 1958 à 1965. Les marchands italiens ont eu gain de cause. Il est parfois plus avantageux d'avoir étal sur rue que pignon sur rue. Et à deux pas, dans les rues avoisinantes, les bouchers, les poissonniers, les fromagers, les vendeurs de pâtes et d'huiles. De tout et pour tous les goûts.

On regrette l'année fatidique où l'administration municipale y a interdit la vente en plein air des animaux vivants: volailles, lapins, pigeons, tronquant une partie de l'intérêt du marché. (1969)

Et l'on songe que l'animation joyeuse qui règne ici est la meilleure et la seule sauvegarde de la tradition du marché, tradition vieille comme l'histoire des villes.

Raison supplémentaire d'y revenir et d'y revenir encore.

**Marché Jean-Talon**

# Une promenade Outre-Mont

**P.-Richard Bisson**

Le mont Royal, et en particulier son versant nord-ouest, qui en était au début la « face cachée », a toujours exercé la même profonde attirance sur les Montréalais. Les Iroquois y avaient leur citadelle; Maisonneuve en fit le terme de sa croisade; la « côte » *Sainte-Catherine qui le ceinture, fut l'un des premiers noyaux de colonisation à l'intérieur de l'île, et devint, au XIXe siècle, le village d'Outremont, bientôt la banlieue résidentielle huppée qu'évoque encore aujourd'hui son nom.

Par ailleurs, deux universités en assiègent les flancs, le sommet en est occupé par un parc remarquablement aménagé, et sans doute la quiétude de ses abords a joué un rôle déterminant dans la localisation des principaux cimetières de l'île.

## D'Hochelaga à la côte Sainte-Catherine

L'emplacement exact de la bourgade indigène qu'a visité Cartier en 1535, fait encore l'objet de

querelles d'historiens. Les uns assurent qu'Hochelaga se dressait dans le centre-ville actuel, près de l'Université McGill; les autres soutiennent qu'elle s'élevait au contraire sur le flanc ouest de la montagne, i.e. sur les hauteurs qui dominent le chemin de la côte-Sainte-Catherine.

Les deux partis interprètent à leur avantage les récits du découvreur et font état de découvertes archéologiques. Il n'est pas utile ici, ni de trancher les écrits sybillins de Cartier, ni de faire le décompte des ossements indigènes. Au cours de cette promenade, on conviendra des avantages stratégiques qu'offre la terrasse de l'avenue Maplewood, et l'on se convaincra qu'il est de bon ton, à Outremont, d'adhérer à la thèse locale.

La montagne et le hasard qui a voulu que Ville-Marie se fonde sur la rive Sud de l'île, ont conditionné la vocation et le développement d'Outremont.

Avant même la grande paix iroquoise de 1701, à peine cinq ans après le massacre de Lachine, l'épuisement des terres à concéder en bordure des palissades de la ville, a amené les Sulpiciens, seigneurs de l'île, à lotir la côte Sainte-Catherine (1694); une détermination à toute épreuve a

---

* Côte: le terme paraît singulier. Il faut entendre « rang » ou « village ». Les premiers établissements coloniaux suivaient les rives des cours d'eau, seules voies de communication. Par habitude, le nom de côte a été étendu à tous les noyaux de peuplement.

▲ Résidences, chemin de la Côte-Sainte-Catherine      ▼ Le parc Outremont

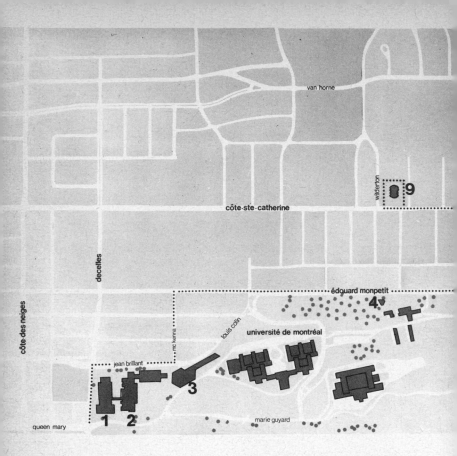

permis l'établissement de colons.

Protégée par la montagne, qui en écarte les voies de pénétration à l'est et à l'ouest, la côte Sainte-Catherine a pu conserver son caractère de banlieue: de village agricole qu'elle était, elle s'est transformée en quartier résidentiel, après que Gray — premier président de la Banque de Montréal — et de riches fourreurs anglo-saxons en eurent lancé la vogue.

**En route**
(En raison des distances à parcourir et des fortes déclivités, il est préférable de disposer d'une voiture pour effectuer l'excursion, quitte à la délaisser pour une partie du parcours.)

Pour gagner l'outre-mont, on contournera la montagne par l'ouest, remontant l'avenue Guy et le chemin de la Côte-des-Neiges. Cet itinéraire permet d'observer au passage le com-

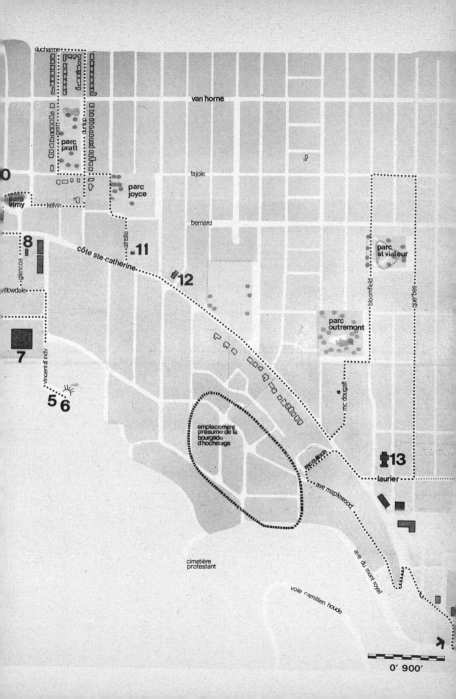

**Le stade d'hiver**

plexe des édifices de l'Université
de Montréal, qui se dresse derrière le cimetière catholique.

On notera d'abord, rue Decel-
les, le pavillon des Hautes Études
commerciales **1**, imposante for-
teresse de béton gris, excellent
exemple d'une préfabrication
impeccable et du néo-brutalisme
qui caractérise l'architecture de
ces dernières années.

Le pavillon des Sciences sociales **2**, qui le suit rue Jean-Bril-
lant, ne dément pas cette veine,
comme l'attestent les mâchicoulis
du dernier étage.

Le stationnement Louis-Colin
**3**, qui ferme la perspective, est
également remarquable par le
dynamisme de ses formes,
l'adaptation au site et l'économie
des moyens. Il dénote à la fois
une haute sensibilité plastique et
une profonde compréhension de
la fonction.

Face au stationnement, la rue
McKenna conduit à l'avenue
Édouard-Montpetit où, prenant
sur la droite, on aperçoit au loin,
émergeant de la cime des arbres,
la tour dite « des Vierges » **4**, résidence des étudiantes que l'on
atteindra en longeant le parc qui
s'étend au pied du pavillon central de l'Université.

**Le stationnement de l'Université ▶**

108

▲ La tour dite "des Vierges"

Réalisations de Marcel Parizeau, rues Glencoe et Ainslie

De même que l'Acropole était consacrée à la déesse des sciences, les contreforts du mont Royal servent de podium à cette institution de haut savoir. Construit en 1925, le pavillon central, sous une enveloppe moderniste, reprend les règles les plus académiques de composition: symétrie, isolement majestueux, symbolisme vertical qui fait du bâtiment un trophée et l'apparente à une victoire d'alpinisme.

Le complexe d'édifices formé par le Centre social universitaire et les résidences, apparaît ensuite, encadrant le monument au fondateur de la Faculté des sciences sociales, Édouard Montpetit. À l'avant-plan, la résidence des filles frappe à la fois par la force de ses lignes, et l'absence de parement. Le jaillissement prend cette fois toute son amplitude, et cadre parfaitement avec la végétation à haute tige qui l'environne. La dimension sculpturale de l'architecture est aussi admirablement exploitée: dynamisme de la forme triangulaire, décrochés assurant l'alternance d'ombres et de lumières. Une terrasse de moellons réalise un raccord au sol particulièrement heureux, et ajoute à la qualité de l'ensemble.

Un peu plus loin, le stade d'hiver 7 mérite une visite détaillée. L'adaptation ingénieuse a la pente du terrain, le chevauchement des gradins intérieurs et extérieurs, l'élancement de la toiture, sont quelques-uns des points à remarquer.

La côte Vincent-d'Indy, dominée par l'école de musique réputée du même nom 5, et la salle de concert Claude-Champagne 6 intéressante pour sa polyvalence et son acoustique — donne l'occasion de découvrir les gradins extérieurs du stade, la piste de ski du mont Royal et, surtout un panorama révélateur de la municipalité d'Outremont, qui apparaît plutôt comme un vaste parc.

Mais en redescendant, on constate que les lois du profit prennent maintenant le dessus sur l'humanisme romantique du siècle dernier. La préoccupation d'augmenter les revenus de la municipalité et le percement prochain d'une bouche de métro dans le voisinage, ont provoqué une révision du zonage et réduit l'habitation à une simple équation: taxe = empilage.

On troquera l'alignement simpliste de ces nouvelles concierge-

Stylistique classique des maisons jumelées

Résidence d'inspiration cubiste, rue McDougall

rıes pour le duplex des années 30 qu'elles écrasent (maison Jarry, 6-8 Glencoe) et qui, malgré les remaniements de la partie sud, garde la marque d'une plasticité à la fois sensible et dépouillée. **8**

Poussant ensuite sur la gauche, on atteint bientôt la cathédrale grecque-orthodoxe **9**. Construite en retrait sur un terrain dégagé qui la met en évidence, elle se rattache à la chaussée par un pont formant parvis. Au-delà du narthex, un vaste espace unitaire, agréablement baigné dans la chaude lumière dorée de verrières dépolies, une remarquable coupole dodécagonale — écho lointain des traditions byzantines — forment l'ekklésia. Massives, les formes s'équilibrent par la verticale du campanile. Sévères, elles semblent néanmoins contenir l'explosion de forces centripètes: larges porte-à-faux débordant le soubassement, articulation des murs extérieurs,... Dynamisme et inertie, elles réalisent un nouvel équilibre baroque.

Revenant sur nos pas, on s'engage dans la petite rue Robert. Elle constitue la meilleure entrée au parc Vimy, square de forme irrégulière, que ses arbres majestueux semblent enve-

lopper dans une douce torpeur, oasis de quiétude à deux pas du chemin de la Côte-Sainte-Catherine. C'est le premier, le plus petit et peut-être le plus charmant des parcs qui forment une véritable chaîne dans ce secteur de la ville et fondent la qualité d'environnement qui fait la réputation d'Outremont.

Au fond de la place, au 48 de l'avenue Robert, la résidence d'un architecte **10** s'impose par l'élégance de son chromatisme, sa franchise et sa discrétion. Résolument contemporaine, elle marque un art vivant; presque dissimulée, elle dénote un respect profond de l'environnement.

La rue Dunlop, que l'on re-

▲ Parc Vimy          ▼ Parc Saint-Viateur

joint par l'avenue Kelvin, montre de remarquables exemples de résidences bourgeoises, où l'opulence se traduit par des architectures gigantesques et empruntées: balustrades et fenêtres maniéristes, dentelles néo-gothiques.

Habilement conçu, le parc Pratt constitue un équipement communautaire de premier ordre: il répond à la fois aux besoins des enfants et des vieillards, des sportifs et des simples flâneurs. L'éventail des essences et la diversité des aménagements en font l'un des plus beaux et des plus fréquentés d'Outremont, aussi bien l'hiver que l'été.

Au-delà de la rue Van Horne, l'un des ensembles d'habitations jumelées les plus caractéristiques d'Outremont, aligne sous d'épaisses frondaisons ses maisons de brique sombre. Les perrons, blancs ou pastels, constituent le motif architectonique le plus frappant. On pourra en observer d'innombrables variantes tout au long du parcours. Ordres grecs ou toscan, la stylistique est classique, mais l'interprétation révèle — sauf exception — un sens profond de la mesure. Acquit culturel et reflet d'une époque, elle échappe au grotesque qu'elle revêt si souvent.

Longeant maintenant le parc Joyce, on trouvera au 7 de l'avenue Ainslie, l'un des premiers exemples d'architecture bourgeoise affranchie de la cosmétique antiquisante, la maison Laroque, construite en 1937 **11**. Néanmoins, c'est une importa-

tion, et son dépouillement procède de celui d'un Adolf Loos.

(N.B.: L'ensemble poignée boîte aux lettres révèle l'attention accordée au détail.)

Le chemin de la Côte-Sainte-Catherine — ancienne route indigène — que l'on prend à gauche, a été le véritable axe de développement de la ville et en demeure en quelque sorte le symbole.

Après avoir dépassé l'hôtel de ville **12**, l'une des plus vieilles maisons d'Outremont, on atteint le segment le plus représentatif: sur les pentes cabrées du mont Royal, où l'on doit, semble-t-il situer Hochelaga, de vastes demeures, orgeuilleusement perchées, proclament la réussite financière et le statut social.

A la hauteur de la rue McDougall, se raccorde un circuit complémentaire qui donne une image plus nuancée d'Outremont. Le parcours suggéré (cf la carte) permet de voir une intéressante maison d'inspiration cubiste (268 McDougall), les parcs Outremont et Saint-Viateur. Il pousse au-delà de l'avenue Bernard, dans l'un des secteurs les plus âgés: le tissu urbain est plus serré, les maisons accusent un certain vieillissement, mais l'ensemble demeurant foncièrement récupérable, fera l'objet d'une opération de rénovation urbaine. Plusieurs mini-parcs doivent y être aménagés, et l'avenue Lajoie transformée en esplanade. L'avenue Querbes ramène à la rue Laurier, d'où l'on rattrapera le circuit principal.

La rue Laurier offre un

intérêt particulier. C'est, avec les rues Van Horne et Bernard, une des rares pénétrations commerciales de la ville, mais seule elle offre cette concentration et ce curieux mélange de services (fleuriste, nettoyeur, libraires...) et de commerces de luxe (antiquaires, galeries d'art...) qui correspondent à une clientèle caractérisée. Elle offre aussi quelques restaurants qui permettent une halte.

L'église Saint-Viateur **13**, surabondamment décorée de fresques surannées, présente toutefois un ensemble intéressant de sculptures sur bois par Médard Bourgault et J.-O. Gratton, artistes québécois renommés.

La promenade se termine sur une floraison inquiétante de conciergeries-forteresses. En plus de masquer outrageusement la montagne, elles portent atteinte au caractère même de la côte Sainte-Catherine et laissent craindre un envahissement plus grand.

D'ici, on rejoindra le centre-ville par l'avenue du Parc, ou la prochaine promenade, par un circuit de raccord, qui parcourt l'avenue Maplewood.

**Résidences, chemin de la Côte-Sainte-Catherine**

# Sur la montagne

À l'instar de l'Acropole pour Athènes, de la colline de Notre-Dame-de-La-Garde pour Marseille ou de l'Arthur's Seat pour Edimbourg, le mont Royal est devenu le symbole de Montréal. Cette protubérance lourde et molle de forme, qui doit son origine à des infiltrations de coulées volcaniques à travers la carapace sédimentaire, constitue le seul accident d'importance de la topographie de l'île montréalaise. Voilà pourquoi cette montagne, comme on l'appelle familièrement ici, a toujours fasciné les gens de la plaine. Ainsi Jacques Cartier, le premier homme blanc à mettre les pieds sur notre île, le 3 octobre 1535, n'a pu résister à la tentation de l'escalader, la nommant par la même occasion « mont Royal » en l'honneur de François 1er. Rendu au sommet, il découvrit un panorama splendide et nous laissa une description enthousiaste de cette « terre, la plus belle qu'il soit possible de veoyr, labourable, unye et plaine ». Sans aucun doute, le coup d'oeil a changé depuis, beaucoup de terres labourables ayant disparu sous l'asphalte et le béton. Mais la fascination demeure.

Cependant, comme l'a souligné avec insistance Frederick Law Olmsted, le grand architecte paysagiste américain qui a aménagé en parc au siècle dernier la partie orientale du mont Royal, la montagne offre plus que des belvédères d'observation. Elle invite aussi au dépaysement, elle invite surtout à une expérience unique en milieu urbain, celle d'un contact intime avec dame nature. J'ai fait cette expérience à multiples reprises et en suis venu, petit à petit, à me tracer un itinéraire intéressant.

Suivre cet itinéraire par une journée ensoleillée de printemps ou d'été, préférablement par un bel après-midi d'automne, lorsque les couleurs des arbres font oublier la grisaille de la ville, devrait vous procurer une satisfaction indéfinissable, certainement inoubliable.

Commençons notre promenade non par le parc lui-même, mais par le cimetière protestant, en y accédant par l'avenue du Mont-Royal et Forest Road. À première vue, cela ne semble guère invitant. Pourtant ce cimetière-et sur ce point il l'emporte sur le cimetière catholique de Notre-Dame-des-Neiges-est unique au Canada par la splendeur de ses paysages, gracieux mélanges d'aménagements romantiques, d'une flore variée et luxuriante et

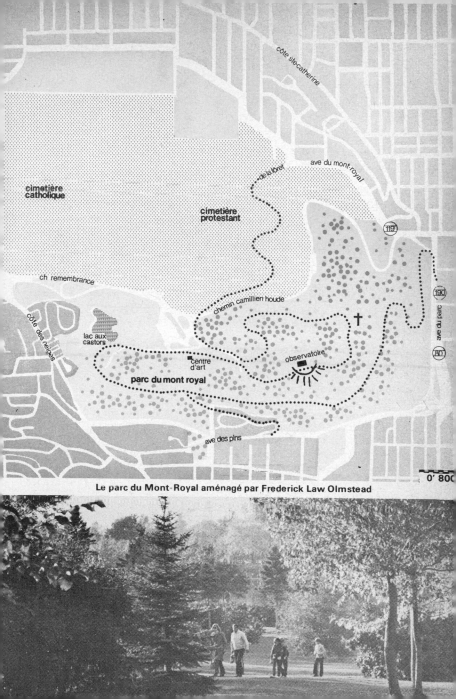

Le parc du Mont-Royal aménagé par Frederick Law Olmstead

cimetière catholique

cimetière protestant

côte ste-catherine

de la forêt

ave du mont-royal

ch remembrance

chemin camillien houde

côte des neiges

lac aux castors

centre d'art

parc du mont royal

observatoire

ave des pins

ave du parc

119

190

801

0' 800

d'une lumière insaisissable. Et les vieux caveaux gagnés par les lierres, les pierres tombales renversées, les monuments prétentieux et boursouflés, tous témoins pétrifiés du temps qui coule, confèrent une cinquième dimension à ces paysages naturels. L'ensemble apparaît étonnamment serein et fait naître chez le visiteur une impression étrange, beaucoup plus près du nirvâna que de la tristesse.

Cette richesse du décor naturel, ce caractère serein et pittoresque avaient été voulus à l'époque. Il s'agit d'ailleurs de visiter le vieux cimetière victorien de Highgate, à Londres, ou celui de Mount Auburn à Cambridge, au Massachusetts, pour retrouver ces mêmes qualités. Il faut comprendre que pour les riches bourgeois du XIXe siècle, la mort constituait la seule fatalité qu'ils ne pouvaient surmonter, le seul obstacle que leur fortune et leurs privilèges ne pouvaient renverser. Ils ont choisi de l'ignorer en la camouflant par un décor propre à perpétuer leur félicité.

Les caveaux et monuments funéraires des vieilles parties de ce cimetière protestant, sans rivaliser avec ceux des cimetières londoniens de Highgate et Brompton, révèlent bien néanmoins les idéaux et les prétentions de la riche bourgeoisie anglophone montréalaise du siècle dernier. Ils nous renseignent sur ceux qui, la plupart des Écossais, vinrent tenter ici une fortune que leur pays natal leur refusait. Leur vie besogneuse pour arracher au milieu

ses promesses, leur conquête du prestige des riches, leur nostalgie d'exilés comblés dans cette ville cosmopolite qu'Arthur Lower a pertinemment qualifiée de Shanghai canadien, tout cela se trouve transmis dans les formes et inscriptions des monuments. Regardons au hasard... Voilà une pierre sacrée « à la mémoire de James Thomson, marchand, né à Glasgow, Écosse ». Une autre rappelle le souvenir de Robert McGregor et de sa femme Jane Inglis, tous deux nés à Edimbourg, Écosse. Remarquons encore les monuments de Thomas Douglas, né à Dunfermline, Écosse, en 1816, de James Johnston, marchand, natif d'Irwine, Écosse, de Mary Dale, épouse de Joseph Williams, native de Penzance, Cornwall, Angleterre, d'un autre McGregor, au prénom de James cette fois, né lui à Fermanagh en Irlande.

Il y en a des milliers d'inscriptions de ce genre, rappelant la mémoire de ceux qui ont littéralement façonné le Montréal du siècle dernier, avec ses banques, ses chemins de fer, ses quartiers d'un chic indécent et ses deux solitudes. Ils reposent ici les capitaines de bateau et d'industrie, les héros militaires et les obscurs, tel ce lieutenant-colonel William MacKay, ancien partenaire dans la Compagnie de fourrure du Nord-Ouest, et qui s'illustra durant la guerre de 1812 contre les Américains, et ce monsieur, dont le nom est illisible sur la pierre, qui fut « Master of the Royal Grammar School at Mon-

**Le cimetière protestant**

treal ». Tel encore cet architecte George Browne, qui « s'est éteint le 19 novembre 1885 » après avoir construit, entre autres bâtiments, la Banque des Molson rue Saint-Jacques, et leur caveau familial dont la silhouette domine orgueilleusement ce cimetière.

À flâner dans ces allées sinueuses et vallonnées, au milieu de ces témoins de l'histoire cernés de toute part par une végétation luxuriante, on ressent le pouvoir magique d'envoûtement de cette nécropole sereine. Et nous ne sommes pas les premiers à en faire l'expérience. Les témoignages ne manquent pas pour souligner que les activités les plus inaccoutumées, de la chasse jusqu'au pique-nique, ont pris place dans ce cimetière et son voisin, au

grand dam des ministres, curés et autres âmes pieuses. On doit comprendre que ces cimetières romantiques, comme ceux de Mount Auburn à Cambridge, Laurel Hill à Philadelphie ou Greenwood à New York, furent effectivement les premiers parcs urbains d'Amérique. À Montréal, ce cimetière protestant (1852), d'abord localisé en bordure du boulevard Dorchester, à l'endroit où s'élève aujourd'hui la place Guy-Favreau et le cimetière catholique de Notre-Dame-des-Neiges (1855), situé auparavant au square Dominion, ont précédé de deux décades sur le mont Royal le premier parc urbain digne de ce nom, celui qui fut aménagé par Olmsted à partir de 1874.

Dans ce sens, il serait logique

La clairière du parc

Le centre-ville vu du chalet de la montagne

de visiter maintenant le parc du mont Royal. Quel est son intérêt? Il est grand, ne serait-ce précisément parce qu'il a été aménagé par Olmsted. Considéré comme le père de l'architecture paysagiste sur ce continent, Olmsted, comme on le sait, a conquis la gloire par son aménagement du Central Park à New York. Ceci ne devrait pas nous faire oublier, cependant, qu'il a réalisé au siècle dernier des parcs dans la plupart des grandes villes américaines, que ce soit à Brooklyn, San Francisco, Albany, Chicago, Philadelphie, Détroit, Buffalo, Boston, Washington, Louisville ou Milwaukee.

Pour apprécier son parc du mont Royal, je ne connais pas de meilleure façon que de suivre

nonchalamment les chemins de promenade qu'il a lui-même tracés. Car Olmsted, comme les réformateurs sociaux de son époque, croyait aux pouvoirs thérapeutiques de la nature, tant pour régénérer l'âme envahie par les sordides tentations de la ville (sic) que pour refaire les forces du corps. Il estimait que cette régénération morale et physique n'était possible que par un contact intime et prolongé avec la nature. Aussi a-t-il développé son réseau de voies d'accès et de promenade pour favoriser ce contact, principalement en suivant les lignes de moindre résistance de la topographie naturelle et en reliant les paysages de façon à accentuer leur caractère et leurs contrastes. Il a admirablement

bien réussi dans la poursuite de cet objectif: plus d'un citoyen, plus d'un visiteur a vanté le charme de ce milieu unique. Qu'il nous suffise de citer le témoignage de monsieur T. Morris Longtreth, lequel visite notre ville au début des années 1930: « ... se promener dans ces bois par un après-midi neigeux, seul, isolé de l'agitation et des bruits des rues en bas, c'est rendre l'illusion possible. Cela tient du miracle que l'évasion de la multitude soit ici si facile... »

En quittant le cimetière protestant par la porte sud, commençons notre promenade au Centre d'art dont l'imposant bâtiment (1858), imbu de toute l'assurance du classicisme britannique, constitue un excellent point de départ. En prenant la direction du sommet, malheureusement coiffé par la brutale tour de transmission de Radio-Canada, on peut constater que plus on monte, plus les arbres, bouleaux, chênes, érables, pins, ont fière allure. Olmsted avait en effet voulu que soient plantés au sommet des essences d'arbres capables d'atteindre à cet endroit leur stature la plus superbe et la plus élevée.

Avant d'atteindre le chalet de la montagne, bifurquons vers la gauche pour effectuer dans le sens des aiguilles d'une montre le tour complet de ce sommet. Par temps clair, cette promenade permet d'apprécier le caractère insulaire de la métropole et l'uniformité obsessionnelle de la grille de rue, ponctuée des flèches d'une multitude d'églises, qui identifie les quartiers français de l'Est.

Après être passé devant une grande croix métallique qui rappelle celle de bois que le Sieur de Maisonneuve, fondateur de Montréal, planta quelque part sur la montagne à l'hiver 1643, on aboutit au chalet et à son observatoire. C'est là que le spectacle de la ville apparaît le plus dramatique et dépasse par son échelle, son intensité architecturale et son agressivité splendide tout ce que l'on peut observer du haut de l'Acropole, de la colline Notre-Dame-de-la-Garde ou de l'Arthur's Seat. Comme l'a fait remarquer le professeur Culliton, ce spectacle nous surprend comme si, tout à coup, le rideau s'était levé sur un décor de théâtre. En fait, du haut de l'observatoire, ce centre-ville montréalais coincé entre le fleuve et le mont Royal, expurgé de sa congestion, ses bruits, sa nervosité, apparaît comme un simple décor vidé de sa substance vivante, une accumulation prométhéenne de formes et de couleurs dans une lumière tamisée.

Un peu comme un scaphandrier doit éviter de remonter trop rapidement à la surface des eaux, il faut résister à la tentation, après avoir joui de ces panoramas, de redescendre rapidement à la ville réelle par les escaliers et les chemins les plus courts. Pour pénétrer l'esprit de l'aménagement d'Olmsted, il est préférable au contraire d'emprunter le long chemin de descente qui fait tout le tour du parc et participer aux expériences de perception qu'il ne manque pas de provoquer. Ce chemin vous mènera de nouveau au Centre d'art, près duquel vous pouvez admirer les sculptures — je vous recommande la sculpture habitable de Robert Roussil — du premier symposium international de cet art en Amérique du Nord, symposium tenu ici à l'été 1964. La seconde étape sera le lac aux Castors, au pied de cette douce dépression qu'Olmsted avait surnommée la clairière et qu'il avait voulue paisible et charmante. Selon les saisons, c'est le royaume des amateurs de cerfs-volants ou des skieurs.

Le reste du chemin s'accomplit sans effort, dans un cadre sylvestre, percé à l'occasion d'ouvertures sur une ville de plus en plus proche. Vous aurez le choix de regagner cette ville soit à l'avenue des Pins (à l'angle de Peel), soit à l'avenue du Parc. La première sortie vous mènera dans l'ancien "Mille Carré", le quartier résidentiel par excellence des riches bourgeois du siècle dernier, de ceux-là même qui reposent maintenant au cimetière protestant. Aujourd'hui, ce quartier n'offre qu'un pâle reflet de son ancienne splendeur: la plupart de ses vieilles résidences cossues ont disparu et celles qui restent sont occupées par l'Université McGill. La seconde sortie vous ramènera à une ville qui se révèle, là comme au pied de l'Acropole, une ville grecque... ou presque.

La rue Peel, témoin des anciennes ▶
splendeurs du "Mille Carré"

# Le centre-ville

**Blanche L. Van Ginkel**
**Clive Russell**

Peu de villes, en Amérique du Nord, possèdent un centre-ville aussi dense que Montréal. Dans un rayon d'environ un demi-mille bat le coeur de la métropole: les sièges sociaux des grandes sociétés avec leurs édifices de prestige, la Bourse, les grands magasins, les boutiques, les restaurants internationaux, une vaste salle de concert, des bars, des clubs, des galeries d'art, des hôtels élégants, des universités, le YMCA, sans oublier non plus une grande variété d'habitations. Le centre de Montréal est toujours grouillant d'activité: il se laisse découvrir pas à pas.

Le trajet à pied que nous proposons ici comprend trois étapes: une visite des immeubles du centre, un coup d'oeil aux vieilles demeures transformées en boutiques et, finalement, la tournée d'un quartier en cours de rénovation.

## Parcours no 1

Point de départ, l'intersection du boulevard de Maisonneuve et de la rue Université. La station de métro McGill qui s'y trouve est reliée au grand magasin Eaton **1** où les fervents de l'*art nouveau,* se rendant au restaurant du 9e étage par les ascenseurs, constateront que le service et le décor ici vont de pair.

La cathédrale anglicane Christ Church **2** s'élève à l'angle des rues Université et Sainte-Catherine. C'est un monument typique de l'architecture néo-gothique du milieu du XIXe siècle. L'été, le petit parc attire les jeunes gens; c'est une oasis au milieu des bruits de la ville. On donne fréquemment à midi, dans cette église, des récitals d'orgue. Il vous sera peut-être agréable d'y assister.

En traversant la rue Union, puis la rue Sainte-Catherine, on arrive au carré Phillips, où la statue du roi Edouard VII, oeuvre de Philippe Hébert, préside à des rassemblements philosophiques, politiques ou religieux, selon les jours. Le côté est du square n'a pas de caractère spécial, mais, de là, on peut voir en même temps trois édifices pleins de distinction: ce sont le magasin La Baie **3**, un exemple éloquent de la solide architecture de Richardson, déparé toutefois par sa marquise: le magasin Birks **4** et l'immeuble de la Compagnie Ciments Canada **5**. Ce dernier est à son mieux le soir, quand la façade est illuminée. C'est une construction de béton datant de 1922 — rien d'étonnant à cela — mais elle renferme un garage souterrain, chose remarquable pour l'époque.

**Place Bonaventure ▶**

▲ Vue aérienne du centre-ville

▼ La cathédrale Marie-Reine-du-Monde

▼ Calèche au carré Dominion

Passons ensuite de la place Philips au carré Beaver Hall. L'élargissement du boulevard Dorchester en a engouffré la moitié pour y laisser une nappe d'asphalte. Les seuls vestiges de sa gloire passée sont le « Engineers Club » 6, du côté nord et la vue qu'on y a, au sud, de l'église St.Patrick 7, un temple néo-gothique entouré d'une cour ombragée.

Le carré Beaver Hall tient son nom d'une maison construite à la fin du XVIIIe siècle pour Joseph Frobisher, un des associés de la Compagnie du Nord-Ouest. Ses terres s'étendaient, à cette époque, de la rue de La Gauchetière à la rue Sherbrooke. Après sa mort, en 1810, elles devinrent la propriété de Thomas Phillips, à qui le carré Phillips doit son nom. Ce citoyen a, dit-on, le mérite d'avoir été le premier à cultiver des pêches à Montréal, fort probablement sur les pentes de la côte du Beaver-Hall.

Le petit immeuble à bureaux, au 1170, carré Beaver Hall 8 montre beaucoup de style et de finesse. Il fut érigé à la suite d'un concours lancé en 1923 par ses propriétaires, la Société Crane.

Le Docteur Bethune, vénéré par les Chinois, a déjà habité là où on a construit l'édifice Bloom. On envisage de changer le nom du square et de l'appeler le carré Bethune.

En tournant à droite, on aperçoit, à l'angle de Dorchester et Université, le noyau originel des gratte-ciel montréalais. Au sud-est, l'édifice CIL 9. Un peu à l'ouest, de Université à Mansfield et des deux côtés de Dorchester, on a construit en hauteur au-dessus des voies du Canadien National. Ce vaste projet, mis en oeuvre en 1958 avec l'hôtel Reine-Élizabeth 10, a pris une importance énorme avec la construction de la Place Ville-Marie 11, en 1962, pour atteindre son point culminant avec la Place Bonaventure, 12 en 1967. Enfouie au beau milieu de ce décor, se trouve la Gare centrale 13 du Canadien National, terminus disgracieux d'une ligne de chemin de fer qui a contribué à forger l'histoire du Canada. *Ainsi passe la gloire...*

S'il fait beau, l'esplanade de la Place Ville-Marie vous plaira: le midi, devant la foule qui s'assemble, on y donne souvent des spectacles et les gens vont manger à la terrasse de La Popina où il fait bon s'attarder.

Au nord de la place, entre les bâtiments des Compagnies Esso et Greenshields, on aperçoit tout au bout de l'avenue McGill-College, l'entrée de l'Université McGill et la masse du mont Royal. Les bourrasques sont fréquentes sur la place Ville-Marie et, si le temps est maussade, rien de mieux alors que d'aller se mettre à l'abri dans l'édifice de la Banque Royale, 1, place Ville-Marie. Le grand hall de cette banque vaut d'être visité et puis, si vous y mettez les formes et que vous vous montrez intéressé par l'architecture des lieux, on vous laissera monter par l'escalier mécanique après les heures d'ouverture.

**Station Bonaventure**

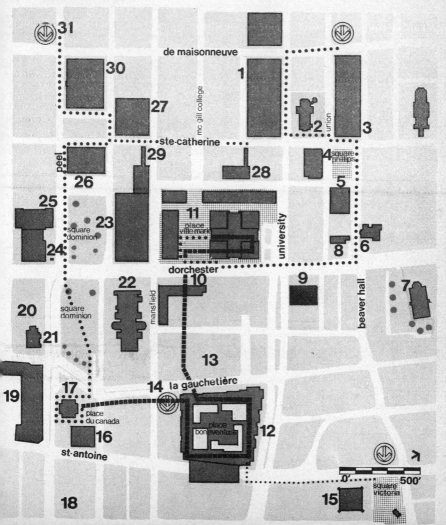

31

de maisonneuve

30

1

27

mc gill college

2 union 3

ste-catherine

peel

29

26

28

4 square phillips

5

25

23

square dominion

11

place ville-marie

university

8 6

24

dorchester

22

10

9

7

mansfield

square dominion

20

13

21

beaver hall

14 la gauchetière

17

place du canada

12

place bonaventure

19

16

st-antoine

15 square victoria

0' 500'

18

Pour avoir une vue panoramique de la ville du haut de la Place Ville-Marie, on peut se rendre à l'Altithèque 727 (discothèque le soir) ou au restaurant Altitude 737.

L'avènement de la Place Ville-Marie a non seulement radicalement changé la ligne d'horizon de Montréal, mais elle a servi de point de départ à un nouveau monde souterrain, où l'on trouve de tout à l'abri des intempéries, et qui raccorde plusieurs des édifices du centre-ville avec le métro. Après avoir bien vu le niveau du sol et les hauteurs, le visiteur descendra dans le paradis troglodytique des boutiques et du divertissement par l'escalier roulant situé dans le secteur nord de la Place Ville-Marie. Une fois rassasié de flâneries, on s'engage dans le passage de la Gare centrale. Si vous avez les moyens et les goûts d'un grand seigneur, faites halte et allez au Beaver Club: on y sert d'excellents repas. (Hôtel Reine-Elizabeth).

Si ce n'est pas tout à fait le cas, descendez jusqu'à la gare. La salle des pas perdus a été rajeunie et redécorée ces dernières années. Cette gare, point d'arrivée et de départ d'un grand nombre de lignes reliant les villes éloignées sert aussi aux déplacements des habitants des banlieues, tout particulièrement ceux qui empruntent la ligne dite du « tunnel », qui creuse son chemin au nord, sous le mont Royal. Elle est l'oeuvre de planificateurs avant-gardistes.

Dans le passage menant au grand hall, on trouve des comp-

▲ Le Château Champlain

La gare Windsor ▶

toirs d'alimentation pour ceux qui aiment à manger sur le pouce comme à la foire du comté. On y vend des saucissons, du pain, de succulents gâteaux; La Bonne Bouche offre des glaces appétissantes, généreuses et variées.

En route maintenant pour la Place Bonaventure. Le couloir longe la voie d'accès des automobiles à la gare et n'a rien de joli. Au fond, à droite, un escalier roulant rejoint le souterrain qui mène à la Place. On y passe quand on ne veut pas avoir a émerger à l'extérieur, mais il est certes plus facile de traverser dehors par la rue de La Gauchetière. Dans la Place, on gagne la galerie centrale par la gauche ou bien on utilise les ascenseurs qui montent jusqu'à l'hôtel.

A la Place Bonaventure, il y a de tout. Plusieurs étages de stationnement pouvant garer 1 000 voitures sont situés sous terre; au-dessus des voies ferrées, il y a deux étages de boutiques, une salle d'exposition, des salles de vente, des bureaux et, en guise de couronnement, un hôtel de 400 chambres avec son univers personnel de jardins ornementaux, de cascades et de faisans. La piscine extérieure de l'hôtel est ouverte toute l'année.

Vous verrez, en visitant les magasins, que l'architecture de la Place Bonaventure est si forte qu'on peut la bien percevoir en dépit des étalages variés. À l'extrémité Lagauchetière, remarquer le magasin de jouets de toutes sortes. Le long de la large allée centrale, la bijouterie Edgar Charbonneau attire l'attention par ses vitrines et par ses portes sculptées qui coulissent à la fermeture.

De retour aux profondeurs de la terre par l'espace central qui se retrouve à tous les niveaux des boutiques. Des panneaux indiquent le chemin de la station de métro Bonaventure 14, remarquablement bien conçue.

Il existe un projet qui reliera ces vastes espaces souterrains à la Place Victoria 15 lorsque, dit-on, une deuxième tour s'y élèvera. L'immeuble actuel de la Place Victoria est le plus élégant de tous nos gratte-ciel et mérite bien qu'on y fasse une visite. La Bourse de Montréal y est installée et des guides en font faire le tour, le matin et l'après-midi. Pour réserver sa place, composer 871-2424. Des boutiques, sises sur plusieurs plans, entourent fièrement le lampadaire en verre de Murano qui dodeline dans la cage de l'escalier.

Repassant par la station Bonaventure, on suit ensuite les indications des panneaux et on se rend à la Place du Canada 16 et à l'hôtel Château Champlain 17. Revenus au niveau de la rue par un ascenseur, on peut admirer tous ces immeubles sous lesquels on vient de se promener. À proximité se trouve un café à l'atmosphère agréable et, pour mieux voir encore, on peut monter jusqu'à l'Escapade, le bar-restaurant situé au sommet du Château Champlain.

Au sud de la rue Saint-Antoine, voici le bureau de poste

**Café-terrasse, place Ville-Marie**

central et, plus loin encore, le carré Chaboillez. Un guide d'autrefois le décrivait comme « fournissant une jolie perspective de brasseries ». Les brasseries sont toujours là, mais les bâtiments d'origine ont été remplacés. Le Planétarium **18** est une construction récente et on y accède par la rue Saint-Jacques. Le spectacle qu'on y donne est habituellement intéressant.

À l'ouest, rue Windsor, admirez la gare du même nom **19**, un « véritable monument de pierre », terminus du Canadien-Pacifique. Cette société a annoncé son intention de démolir la gare pour faire place à un groupe de nouveaux édifices qui s'étendraient jusqu'à la rue de la Montagne **20** — dé-cision qui rencontre de fortes protestations venues des comités de citoyens désireux de garder le caractère de Montréal (Les groupes "Sauvons Montréal" et les "amis de la Gare Windsor"). L'issue de ces débats est incertaine et nous ne saurions dire si vous trouverez encore la gare sur son site quand vous y passerez. À notre avis, ce qui ne tombera pas sous le pic des démolisseurs, c'est la partie nord-est, édifiée en 1889 par Bruce Price, un architecte new-yorkais. C'est lui qui a inventé et fixé le style des hôtels canadiens qui appartiennent aux sociétés de chemin de fer: on lui doit, en effet, le Château Frontenac à Québec, l'hôtel du carré Viger à Montréal et celui de Banff Springs en Alberta.

Le carré Dominion, au nord de la Place du Canada, est un grand espace découvert, le plus grand du centre-ville. Là se trouvait autrefois le cimetière Saint-Antoine (1799) qui s'est presque entièrement rempli durant l'épidémie de choléra de 1882. Du carré Dominion partent les autocars de touristes et également les rares calèches qui conduisent les visiteurs au parc du mont Royal.

Ce carré est bordé d'édifices remarquables. L'église néo-gothique St. George **21**, avec ses belles boiseries importées, date de 1870. Elle a été construite sur une hauteur qui dominait alors toute la ville. On critiqua le pasteur, le Dr. Bond, parce qu'il avait construit son église trop loin de la ville. La cathédrale catholique Marie-Reine-du-Monde (autre-

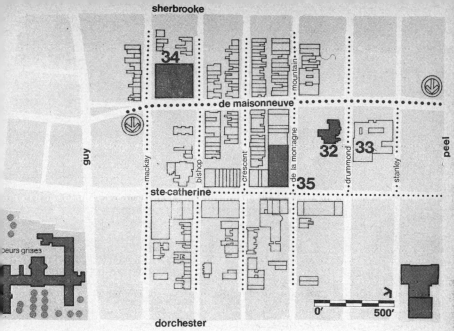

de maisonneuve

guy

mackay

bishop

crescent

de la montagne

drummond

stanley

peel

ste-catherine

**34**

**32** **33**

**35**

eurs grises

0'        500'

dorchester

fois cathédrale Saint-Jacques)
**22** est une copie réduite de
Saint-Pierre de Rome. Longtemps, l'édifice Sun Life **23** a été
« le » gratte-ciel de Montréal. La
Banque de Commerce **24**
s'enorgueillit d'être le plus haut
édifice à façade d'ardoise. On
peut voir, devant la banque, une
sculpture de Henry Moore, oeuvre non figurative, la première de
son genre à occuper un lieu public
à Montréal.

On avait, avant de construire
cette banque, démoli les deux
tiers de l'hôtel Windsor **25** qui
l'avoisine. Toutefois, la grande
salle de bal du Windsor et une
vaste salle de banquet y sont res-
tées au rez-de-chaussée. Séparées
l'une de l'autre par Peacock
Alley, elles n'ont rien perdu de
leur ancienne splendeur. Si vous
affectionnez les hôtels
d'autrefois, si spacieux, prenez
une chambre au premier étage où
la distance du plancher au plafond est de 15 pieds, (ailleurs elle
n'est que de onze).

Metro News, un peu au sud de
Sainte-Catherine, rue Peel, vend
des journaux et des périodiques
en plusieurs langues. À
l'extrémité nord-est du square,
vous verrez l'édifice Dominion
Square **26,** très ornementé
jusqu'au faîte et contenant bureaux et boutiques.

Non loin, rue Sainte-Catherine, le grand magasin Simpson
**27.** La partie ancienne, construite en 1929, vous rappellera
l'art nouveau. Il ne faut pas hési-
ter, si les vieilles salles de cinéma
vous fascinent, à aller visiter le
Palace **28** et le Loew's **29.** Elles

Rues Crescent, Bishop et de la Montagne, une jeunesse-dorée, dans un monde de cafés-terra

ont conservé leur décor somptueux. C'est à deux pas. Remontez ensuite la rue Peel jusqu'à l'hôtel Mont-Royal **30** où l'on peut admirer un beau hall ouvert sur deux étages. Le métro **31** a une entrée au sous-sol de cet hôtel et c'est ici que se termine le parcours no 1.

Vous aurez maintenant l'embarras du choix. Vous pouvez renoncer à marcher plus longtemps (1), continuer à explorer le centre-ville (2), changer de quartier (3) ou bien (4) déjeuner, prendre le thé ou aller dans un bar. Dans les trois prermiers cas, le métro pourrait vous être utile, mais si vous choisissez la quatrième suggestion, la suite de cet article, qui décrit le parcours no 2, mentionne bon nombre de bars et de restaurants qui vous intéresseront.

**Parcours no 2**

Cette promenade sans plan précis fait voir les rues comprises entre Stanley et MacKay, de Sherbrooke à Sainte-Catherine. On ira se ballader, bouquiner, faire des achats; on arrêtera au café ou au bar, ou bien encore on admirera de vieilles demeures au passage. Il y a, tout particulièrement rues Bishop, Crescent et de la Montagne, de très belles maisons de pierre grise ou rouge. Certaines ont été défigurées par des rénovations de mauvais goût, mais attachez-vous à regarder les étages supérieurs et laissez jouer votre imagination.

Le Club Mount Stephen **32**, rue Drummond, au sud de Maisonneuve, est la dernière résidence luxueuse de ce quartier. Elle arbore le style Renaissance italienne; elle est en pierre de

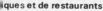
ques et de restaurants

taille avec des corniches élabo-
rées. Elle a été construite en 1883,
à la demande de Lord Mount Stephen, premier président du Canadien-Pacifique et amateur de belles boiseries. C'est un club depuis
1926, et ceux qui connaissent l'un
de ses membres peuvent s'y faire
inviter et admirer l'intérieur magnifique, lambrissé de bois
précieux.

De l'autre côté de la rue, un
club moins sélect, le YMCA **33**,
rend depuis longtemps de grands
services. Sa réussite la plus sensa-
tionnelle a été la mise au monde
de l'Université Sir Georges Williams, qui y occupe toujours des
locaux, même si l'immeuble principal se trouve maintenant rue de
Maisonneuve, entre Bishop et
Mackay. **34** On y tient, à la mez-
zanine, d'intéressantes expositions d'art.

Les boutiques et les galeries de
tableaux abondent dans le secteur. Au no 2025 de la rue Peel, se
trouve une boutique d'artisanat
renommée, la Canadian Guild of
Crafts. Lippel, 2159, Mackay,
possède les plus beaux spécimens
d'art canadien primitif.

C'est aussi un lieu choisi de la
gastronomie montréalaise. Le
Café Martin, rue de la Montagne,
est un vieux restaurant français,
installé dans une maison très élégante. Le côté ouest de cette rue
fourmille de restaurants internationaux et de bars. Il s'y trouve
même un tout nouveau salon de
thé, (les croissants et les gâteaux y
sont délicieux). La Crêpe Bre-
tonne nous étonne, mais quel régal! Depuis les années 40, des
Hongrois tiennent des bistros par
ici. Leur café est sans égal; les pâ-
tisseries, généreuses et superbes;

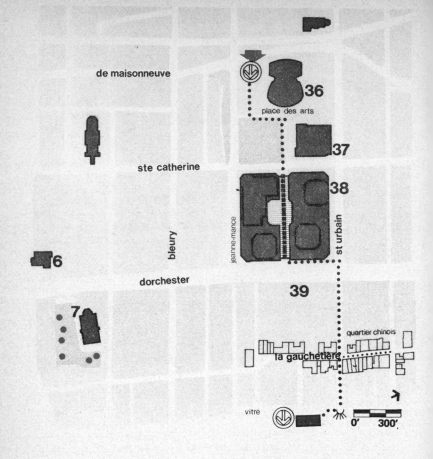

de maisonneuve

36

place des arts

37

ste catherine

38

bleury

jeanne-mance

st urbain

6

dorchester

39

7

quartier chinois

la gauchetière

vitré

0'    300'

l'atmosphère, intéressante. L'un des meilleurs est encore le Pam Sam, rue Stanley.

On voudra peut-être s'asseoir parmi la foule aux terrasses de Chez Bourgetel ou de la Casa Pedro, toutes deux rue de Maisonneuve et regarder passer les gens. La rue Crescent est le centre de la vie nocturne, du moins pour la jeune génération. Le pub Winston-Churchill et le Boiler Room rassemblent depuis quelques années ceux qui ne craignent pas de boire et de manger dans des lieux bruyants et très fréquentés. L'été, cependant, toute cette activité déborde dans la rue. Tout autre est le Rainbow Bar & Grill de la rue Stanley. On y projette des films; on y donne des spectacles; il y a des salles de jeux et de réunions; on y sert à boire et à manger. L'Annex de la rue Bishop propose à peu près la même chose. L'Orient Express, rue MacKay, est une nouvelle enseigne populaire. Le Bistro, rue de la Montagne, attire les révolutionnaires en pantoufles et s'enorgueillit de son bar authentiquement parisien. Le Troïka, restaurant russe de la rue Crescent, est nettement prérévolutionnaire.

Des noms encore, cette fois près du boulevard Dorchester: le Mas des Oliviers, rue Bishop; l'Osteria del Panzoni, restaurant italien de la rue de la Montagne; Au Bon Trou du Cru, boulevard Dorchester même. Le fameux Canadian Café, au 1227 de la rue Crescent, spécialiste des bons

**Rue de La Gauchetière**

plats végétariens, gagne la mention du restaurant le plus discret, dans un édifice que même les daltoniens n'auraient aucune peine à repérer.

Et maintenant, quelques magasins réputés de la rue Sainte-Catherine.

Poupart, tabacs, au 1331, est depuis fort longtemps une entreprise familiale. Tout ce qui se fume s'y trouve. À remarquer le travail traditionnel d'ébénisterie, à l'intérieur. La librairie voisine, Classic Bookstore, vous plaira par son décor et son ambiance peu commune chez les détaillants de livres de poche. Au coin de la rue de la Montagne, Ogilvy's, un grand magasin construit en 1896 **35** a conservé et respecté ses beaux murs de pierre. L'addition d'un étage fut cependant une erreur: voilà un édifice qu'il vaut mieux ne pas examiner jusqu'au faîte. Face à Ogilvy's, vous verrez un édifice similaire dont le rez-de-chaussée a été gaspillé, mais dont la corniche est intacte. Au 1221, remarquez l'épicerie A. Dionne & Fils, fournisseurs d'aliments de choix depuis plusieurs générations. On a délibérément gardé l'aménagement intérieur d'origine, sauf les appareils réfrigérants et les caisses de sortie. À l'arrière, une vitrine cadenassée, renferme une petite fortune en pâtés et en caviar.

Tout en cheminant rue Sainte-Catherine, levez les yeux, car vous verrez l'histoire de l'architecture montréalaise inscrite dans les étages supérieurs des édifices.

## Parcours no 3

Ce parcours commence à l'est du 1er, à la Place des Arts.

Les théâtres de la Place des Arts, décorés par de nombreux artistes, ont changé la vie culturelle de notre ville. Les spectacles de grande envergure sont devenus possibles. Jusqu'à ces derniers temps, la Place des Arts constituait un îlot attrayant dans un voisinage délabré mais, depuis que la rue Sainte-Catherine connaît de nouveaux chantiers, tout ce district va redevenir très actif.

La station de métro Place-des-Arts rejoint l'entrée de la plus grande salle qui porte le nom Wilfrid-Pelletier **36**. Les piétons s'y rendent par la rue Sainte-Catherine. Elle contient 3 000 sièges; elle est réputée pour son acoustique et ses spectacles. Son foyer, aux murs de verre et aux immenses luminaires, scintille jour et nuit. On passe de cette salle, par l'intérieur, aux théâtres Port-Royal et Maisonneuve **37** qui ont respectivement 800 et 1 300 sièges. Le théâtre Maisonneuve possède un appareil scénique complet.

Le complexe Desjardins **38** grandit de jour en jour de l'autre côté de la rue Sainte-Catherine. Cette oeuvre architecturale importante deviendra pour Montréal une grande source d'activité. Quatre tours de hauteurs différentes s'élèveront au-dessus de plusieurs étages de magasins. Dans trois de ces tours, il y aura des bureaux (notamment pour le gouvernement provincial). Dans la quatrième, on installera un hôtel de 600 chambres. Et, bientôt, la Place Guy-Favreau verra

s'élever un autre ensemble d'immeubles à bureaux. **39**

Quand le complexe Desjardins sera complètement terminé, la grande galerie centrale conduira au boulevard Dorchester, pour se continuer plus tard à la Place Guy-Favreau. Mais, d'ici là, pour aller au quartier chinois, vous emprunterez la rue Saint-Urbain, une vieille rue résidentielle. La rue principale du quartier Chinois est la rue de La Gauchetière, de Jeanne-Mance à Saint-Laurent On craint que le nouvel essor de ce secteur de Montréal ne détruise complètement le centre chinois. Espérons qu'il survivra: on y trouve beaucoup de bons restaurants et des épiceries affriolantes, très animées, surtout le dimanche.

De l'angle des rues Saint-Urbain et Vitré, on a une vue spectaculaire de ce que fut Ville-Marie, la ville fortifiée des débuts. On aperçoit, au premier plan, la dépression qui autrefois était le lit de la Petite Rivière, fossé naturel du premier établissement. Le métro et l'autoroute est-ouest y passent maintenant. Ville-Marie s'étendait depuis l'endroit où se trouvent les bâtiments de la police à l'est du Champ-de-Mars jusqu'à la tour élancée de la Place Victoria: là s'arrêtaient les fortifications. On a tout en face de soi l'église Notre-Dame: des hauteurs de la colline, elle veille sur son domaine.

C'est au métro de la place d'Armes que se termine notre parcours qui nous a permis de voir les deux visages de Montréal, l'ancien et le nouveau.

▲ Place Desjardins

▲ Place des Arts

# Une promenade rue Sherbrooke et autour de l'université McGill

**Ray Affleck**

La rue Sherbrooke, de l'avenue Victoria à la rue Université, est une promenade de qualité exceptionnelle. On peut y admirer, tout au long, des édifices de grande qualité, anciens et contemporains, et s'immerger dans une vie urbaine raffinée, tout en longeant deux beaux parcs, celui de Westmount et le campus de l'Université McGill.

Mais il se peut qu'on soit limité par le temps. En pareil cas, il faut prendre le métro jusqu'au terminus d'Atwater et, de là, se diriger vers le nord jusqu'à la rue Sherbrooke. Le carrefour Atwater-Sherbrooke est le point de départ de l'excursion vers l'est, en direction du campus de McGill.

Cependant, le marcheur entreprenant trouvera sa juste récompense en allant commencer sa promenade à l'extrême ouest de la banlieue enclavée de Westmount: le bus 24, en direction ouest, le transportera jusqu'à l'avenue Victoria. De là, il faut, en flânant, environ deux heures pour atteindre McGill. Ce qu'on voit d'abord, c'est une succession rapide de rues anciennes ornées de maisons cossues qui escaladent le bas des pentes de la montagne: les rues Grosvenor, Roslyn, Lansdowne et Arlington, bordées d'arbres, qui, par leur nom et leur

allure, rappellent les traits distinctifs des banlieues anglaises, inspiration des fondateurs de Westmount. Complètement encerclée par la ville de Montréal mais toujours autonome, cette municipalité a été fondée en 1899.

Dans ses rues, les vastes maisons du siècle dernier, avec leurs façades uniformes de pierre ou de brique, constituent, de nos jours encore, des demeures confortables à quelques minutes à peine du centre-ville.

En continuant son chemin vers l'est, le visiteur parvient au vaste parc de Westmount, sur le côté sud, entre les avenues Lansdowne et Melville. C'est une transposition, chez nous, du véritable parc romantique à l'anglaise, avec ses ruisseaux serpentants, ses sentiers tortueux, ses vallonnements herbeux qu'ombragent ou dominent de magnifiques ormes et de petits bosquets de conifères: un décor vraiment superbe fait de main d'homme.

À l'angle nord-ouest de ce parc, se dresse un ensemble remarquable d'édifices publics 1 très heureusement harmonisés. Victoria Hall, les serres et la bibliothèque de Westmount, qui tous datent de la fin de l'époque victorienne. Leur disposition dans le parc et près de la rue est

Tour de Saint-Sulpice

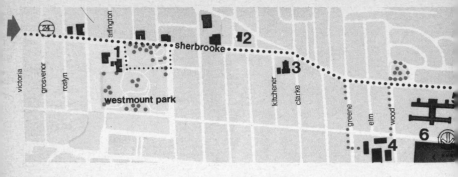

une réussite. Les serres méritent une visite de quelques instants. Elles sont un modèle d'architecture fonctionnelle du XIXe siècle. On y tient périodiquement des expositions spectaculaires. L'été, devant Victoria Hall, une grande horloge entièrement faite de fleurs marque l'heure avec précision.

À quelques rues de là, l'intersection du chemin de la Côte-Saint-Antoine et de la rue Sherbrooke dessine un angle très fermé. On y voit un autre bel exemple de la conception urbaine de la fin du siècle, l'hôtel de ville de Westmount **2**, en pierre, de style néo-gothique. Il est enchâssé dans un parc triangulaire abondamment fleuri.

A gauche des parterres de l'hôtel de ville, spectacle rare: un boulingrin. La pelouse verte bien tondue, les joueurs de boule aux mouvements lents, tout habillés de blanc, semblent sortis d'un passé élégant et sans problème.

En diagonale, de l'autre côté de la rue, s'élève l'église catholique de l'Ascension de Notre-Seig-

neur, (Church of the Ascension of Our Lord), **3** autre remarquable bâtiment néo-gothique.

Il y a, à Westmount, deux rues commerçantes orientées nord-sud. L'une est l'avenue Victoria, notre point de départ et l'autre, l'avenue Greene où l'on arrive

**La maison-mère**

maintenant. On peut y voir des boutiques d'antiquaires: l'une d'entre elles présente des oeuvres d'art surtout canadiennes; une autre, des armes et des armures anciennes. Il y a là également des galeries de tableaux, un épicier chinois et une charcuterie. Plus

domaine st-sulpice

côte des neiges

simpson

ontario

de la montagne

sherbrooke

bishop
crescent
mountain
drummond

king

dufort

peel

mc tavish

mc gill

university

**8** **9** **10** **11** **12** **13** **15** **16** **17** **18** **20** **21** **22** **14** **23**

0'    800'

au sud, mais tout près, se dresse le complexe connu sous le nom de Westmount Square **4**, bureaux, appartements et magasins. Il est l'oeuvre de Mies van der Rohe, célèbre architecte américain, d'origine allemande. Le groupe des trois tours, très frappant, tout de métal noir et de verre, est d'une composition subtile. À mon avis, cette construction typique du style de Mies van der Rohe est le plus parfait exemple de sa conception de l'architecture urbaine en Amérique du Nord. Attardez-vous et visitez les boutiques du sous-sol, qui sont parmi les plus chères à Montréal. On y vend tout ce dont vous rêvez, depuis les sacs à main d'Hermès jusqu'aux ensembles signés Cardin.

Si midi sonne et qu'il fait beau, ne quittez pas Westmount Square sans aller acheter un sandwich de pain croustillant à la pâtisserie Cousin. En sortant, vous vous retrouverez dans la rue Elm, à l'est de la rue Greene. Vous longerez ensuite, pour rejoindre la rue Sherbrooke, au nord, un char-

mant petit parc, bien différent en taille et en caractère de celui de Westmount: le Queen-Elizabeth Gardens. On constatera, en le voyant, combien un tout petit espace vert peut agrémenter une rue et un quartier et constituer l'endroit idéal pour aller piqueniquer.

Rue Sherbrooke, entre les rues Wood et Atwater, du côté sud, s'élève la maison mère des Soeurs de la Congrégation de Notre-Dame **5** que plusieurs générations de Montréalais appellent toujours avec affection « la » maison mère. C'est une construction imposante, en brique jaune,

**Le collège de Montréal**

**Façades, rue Sherbrooke**

entourée de vastes pelouses et ombragée par des arbres vieux et splendides. On trouverait difficilement dans toute la ville un exemple mieux réussi de l'architecture religieuse néoclassique.

À l'intersection de Sherbrooke et Atwater commence le circuit de ceux qui ont opté pour un trajet abrégé et de ceux qui préfèrent diviser le parcours proposé en deux parties. D'ici, en regardant vers le boulevard de Maisonneuve, on aperçoit un des grands complexes multi-fonctionnels de Montréal, la Plaza Alexis-Nihon **6**, où bureaux, magasins, commerces de toute sorte et appartements sont agencés autour d'un atrium. L'accès au métro est direct au sous-sol. À remarquer aussi que c'est le seul édifice public non religieux de Montréal où l'on célèbre la messe tous les jours, à 17h30.

En traversant la rue Atwater, on constate une fois de plus combien est marquée la présence de l'Église à Montréal. Au sud, entre Closse et Atwater, se trouve un autre exemple impressionnant, quoique l'édifice soit plus petit,

de l'architecture religieuse **7**; même brique jaune, même style néo-classique. Cette maison appartient aussi à la Congrégation de Notre-Dame. En face, toujours rue Sherbrooke, une structure massive de pierre grise abrite la Communauté des Filles de Saint-Joseph **8**.

A partir de là et sans discontinuité jusqu'à la rue Saint-Mathieu, s'étend le Domaine de Saint-Sulpice **9**, souvenir vivant des premières années de Montréal. Les Messieurs de Saint-Sulpice ont été le premier ordre religieux à qui de grandes terres furent octroyées à l'époque de la fondation de Ville-Marie. Cette propriété, que bornent les rues Sherbrooke, Atwater et le chemin de la Côte-des-Neiges, est une des dernières possessions urbaines de l'Ordre. Elle touche aux basses pentes du mont Royal et continue, depuis toujours, d'être un important apport à l'équilibre écologique de Montréal par ses espaces verts. Ce terrain est presque entièrement bordé d'une épaisse muraille en grosse pierre,

**La résidence "Le Château"**

obstacle à l'aspect quelque peu oppressant. Cependant, en regardant par les porte, on fera d'heureuses découvertes: il se trouve là des bâtiments de grand intérêt historique et architectural, la masse sombre du Grand Séminaire et du Collège de Montéal. (Les Sulpiciens se sont toujours consacrés à l'enseignement). Tout près du mur et à l'intérieur, non loin de la rue, on peut voir deux tours de défense. Ce sont des reliques des tout premiers jours de l'histoire de notre ville. Elles nous rappellent que les Messieurs de Saint-Sulpice, quoique venus ici pour convertir les Indiens et enseigner, devaient protéger leurs propriétés contre les bandes de maraudeurs.

**La maison Van Horne**

Une rue plus à l'est passe la rue GuyCôte-des-Neiges. Comme beaucoup d'autres à Montréal, cette artère change de nom en cours de route. Elle est la première rue nord sud à l'ouest de la montagne: c'est une voie de circulation importante. Et maintenant, la rue Sherbrooke se révèle plus

densément construite. On remarque, à gauche, un bâtiment massif, les appartements Linton **10**. Cet immeuble, un des plus anciens du genre à être élevé à Montréal, demeure toujours une adresse de prestige.

En continuant de se diriger vers l'Université McGill, on voit notamment des églises, d'immenses maisons de rapport, des gratte-ciel commerciaux et les rares maisons qui subsistent de toutes celles qui avaient été construites au siècle dernier par l'élite financière. Un grand nombre de ces belles demeures anciennes, tout particulièrement du côté sud, ont été transformées pour loger d'élégantes boutiques, des magasins et des bureaux.

La plupart des galeries de peinture de Montréal se trouvent rue Sherbrooke, entre Guy et de la Montagne ou dans les rues latérales, Bishop et Crescent principalement, entre Sherbrooke et de Maisonneuve.

On note, dans cette partie de la rue Sherbrooke, une remarquable juxtaposition du traditionnel et du moderne: magasins, institutions, maisons d'habitation et temples religieux.

C'est également ici qu'on démolit systématiquement pour faire place à des immeubles modernes, ce qui constitue une menace sérieuse à la personnalité et au caractère historique de cette rue.

Il y a deux autres belles églises entre la rue Simpson et l'avenue Ontario: St. Andrew and St. Paul's **11**, édifice imposant de style néo-gothique, et le temple Erskine and American, une structure fruste, en pierre, dans la tradition d'Henry Hobson Richardson, architecte américain de grande réputation.

Les deux églises sont séparées par le musée des Beaux-Arts **12** de Montréal, à la façade classique de marbre et à l'escalier majestueux. Ce musée renferme une importante collection d'oeuvres d'art tant européennes que canadiennes. On l'a récemment fermé au public pour y procéder à des rénovations et des agrandissements qui en doubleront la superficie. Il ne rouvrira ses portes qu'en 1975.

Tout à côté de Erskine and American Church, voici le « Château », (les appartements Le Château) **13**, un édifice qui porte bien son nom, puisqu'il rappelle les châteaux de la Loire par ses créneaux de pierre, ses toits en pente et sa cour intérieure d'esprit romantique. De l'autre côté de la rue, se trouve l'hôtel Ritz-Carlton **14**. La façade richement ornementée et sa marquise en font l'un des hôtels les plus élégants de la ville. C'est, pour le déjeuner ou le dîner, un des endroits favoris des Montréalais et on y sert encore le thé selon toutes les traditions, dans une salle appelée le Café de Paris. Le hall d'entrée du Ritz vaut bien un coup d'oeil, ne serait.ce que pour en admirer la décoration et y apercevoir les statues de deux Noirs en faction à l'entrée de la salle de bal.

Les rues Stanley et Drummond font voir au passage de ri-

ches demeures qui ont appartenu aux premiers grands capitalistes sauvages de la finance montréalaise. Fort heureusement, on a réussi à les conserver en les transformant en bureaux ou en clubs. La plus élégante est sans doute le Mount Royal Club **15**, à l'angle nord-ouest des rues Sherbrooke et Stanley. Ses plans furent dessinés dans les premières années de ce siècle par les fameux architectes new-yorkais, McKim, Mead et White.

Entre Stanley et Université, presque tous les bâtiments anciens du XIXe siècle ont cédé la place à des buildings nouveaux, qui servent à des fins diverses: bureaux, appartements, hôtels, ou encore locaux de l'Université McGill. Tout est très moderne, mais donne un avant-goût du sort réservé à la rue tout entière si aucune limitation ne vient endiguer la vague des démolitions.

Et nous voici arrivés à l'Université McGill. On y trouve en premier lieu deux édifices, à l'angle de McTavish et Sherbrooke: ce sont l'École d'administration Samuel Bronfman **16** et la bibliothèque MacLennan **17**. Plus loin, c'est le campus, aux dimensions imposantes, auquel on accède par la porte centrale, Roddick Gates. Puis, on remonte l'allée centrale, bordée d'arbres, qui menait autrefois à Burnside, le domaine de James McGill, un riche commerçant qui fonda l'Université, en 1821.

McGill vaut assurément la peine d'être visitée à loisir. On

avait, à l'origine, adopté pour les bâtiments du campus, une disposition en fer à cheval autour d'un parc central. Tous construits en calcaire gris de Montréal, ces pavillons originels renferment les laboratoires et les salles de cours des facultés traditionnelles des arts et des sciences. Mais, en 1950, on a mis en branle de nouveaux projets: insertion de nouveaux bâtiments aux extrémités des espaces verts et agrandissement des constructions existantes. Il en est résulté plus d'espace pour les étudiants, et cela sans sacrifier les vastes terrains du campus ni les beaux édifices victoriens des débuts. On a relié une bonne partie des pavillons les uns aux autres par une galerie close, de sorte qu'on peut circuler à l'abri des intempéries — avantage qui découle aussi de la formule d'agrandissement qu'on a adoptée, comme on est à même de le constater.

On recommande de faire cette visite à partir du côté est, puis de se diriger vers le nord afin d'admirer de loin les grands parterres et de revenir par l'ouest, le long de la rue McTavish, jusqu'à l'entrée principale.

À l'extrémité sud-ouest s'élèvent les pavillons Otto Maas (faculté de chimie) et Burnside, avec sa petite tour au premier plan **18**. Ce sont là deux intéressants exemples de la technique d'insertion. Plus au nord, l'ancien pavillon McDonald (faculté de physique) est voisin du nouveau Centre des Sciences physiques, puis suivent les pavillons McDo-

**Détail de l'hôtel Ritz Carleton**

nald **19** originels, pour les chimistes et les ingénieurs. Cette enfilade de structures anciennes et nouvelles prend fin au coin des rues Université et Milton où se trouve le pavillon McConnell (École des ingénieurs).

Le pavillon de physique MacDonald est d'un intérêt particulier. Non seulement offre-t-il aux regards un extérieur finement ornementé en calcaire du pays, mais il est exceptionnel en ce qu'il ne renferme aucun élément métallique dans sa construction, ceci pour empêcher les interférences magnétiques aux premières expériences de physique de l'époque.

Ce beau bâtiment d'autrefois est également célèbre parce que l'atomiste réputé Ernest Rutherford y a effectué ses premières recherches. Il a, en effet, commencé ses études sur l'atome à McGill, avant de s'illustrer à Cambridge, en Angleterre.

Dans l'axe de l'allée centrale, se trouve le pavillon des Arts **20,** qui a été le premier bâtiment de McGill College. On l'a rénové à maintes reprises, sans altérer son noble aspect de solidité auquel contribuent principalement son portique d'ordre dorique, simple et bien proportionné et son escalier orienté vers le campus et le centre-ville.

Tout près et à l'ouest, le pavillon des Sciences sociales et des Sciences humaines, qui porte le nom de Stephen Leacock, communique avec le pavillon des Arts par un passage vitré. Au sud des Sciences sociales et humaines est situé Morrice Hall, une des oeuvres les plus fantasques du néo-gothique à Montréal. La chapelle octogonale proche du hall principal offre un intérêt particulier.

Au sud-est du pavillon Stephen Leacock, c'est le musée Redpath **21**; il présente une curieuse façade de style néo-égyptien et un volume intérieur fonctionnel de grande hauteur.

Les noms de MacDonald, Redpath, McConnell et Bronfman sont ceux des magnats du tabac, du sucre, de l'édition et de la distillerie: ils sont la preuve de l'importance qu'ont accordée à McGill les milieux industriels et commerciaux de Montréal. C'est grâce à leur appui incessant que McGill a pu se développer.

Redpath Library **22,** la première bibliothèque construite à McGill, se trouve au sud de Morrice Hall. Elle est un exemple de plus de ces façades finement ornées en calcaire gris foncé local. En y pénétrant, on pourra visiter Redpath Hall, l'auditorium, remarquable par ses poutres apparentes en bois sculpté et ses vitraux. C'était là autrefois la salle de lecture primitive de la bibliothèque; l'Université l'utilise maintenant en diverses occasions comme salle de réunions.

Une dernière construction digne d'intérêt, la bibliothèque MacLennan touche à la rue Sherbrooke, à l'intersection de McTavish. Ici finit la tournée du campus.

Si par hasard vous faites cette promenade le vendredi, le samedi ou le dimanche, prenez le temps de traverser la rue Sherbrooke en face du campus, et allez visiter le musée McCord **23,** au coin de la rue Victoria. Son architecte, Percy Nobbs, est également celui du pavillon de physique (MacDonald). C'est un vrai bijou. Il contient des documents inestimables sur l'histoire de la société canadienne. Ses vastes collections comprennent des outils primitifs fabriqués par les Indiens, des sculptures esquimaudes, mais aussi toutes sortes d'archives précieuses, y compris une collection unique de photographies des XIXe et XXe siècles. La section ethnologique traite de l'Arctique canadien, des forêts de l'Est, des prairies et de la côte Nord-Ouest. L'entrée est gratuite. Il est ouvert les vendredis, samedis et dimanches, de 11h. à 18h.

**L'édifice Leacock et le musée Redpath** ▶

# Les zones grises

**Claude Beaubien**
**Thomas Gluck**
**Jacques Maassen**

Dans cette section, nous allons nous concentrer sur les zones « grises » de l'Ouest de Montréal, c'est-à-dire les quartiers ouvriers les plus anciens de la métropole. Ces quartiers, plus précisément la Petite Bourgogne, Saint-Henri et Pointe-Saint-Charles, se situent au sud-ouest de l'île, à deux pas du centre-ville. Étant aux abords du canal Lachine et des voies ferrées les plus importantes desservant l'île de Montréal, ceci leur donna leur vocation industrielle. C'est ici que nous retrouvons un style de vie, une atmosphère et une architecture tout à fait particuliers. C'est ici aussi que nous retrouvons les problèmes sociaux les plus aigus et qui, depuis quelque temps, troublent la conscience de plusieurs, incitant les autorités municipales à intervenir. Nous retrouvons donc ainsi trois types d'intervention. La première, à la Petite Bourgogne, inclut la démolition de larges portions du quartier pour faire place à des logements à loyers modiques de trois étages. À Saint-Henri, par contre, nous ne retrouvons que quelques projets, éparpillés çà et là, dont le projet Lenoir digne de retenue, mais il y a de l'espoir pour l'avenir. Enfin à Pointe-Saint-Charles, nous verrons une approche d'ensemble

plus heureuse qui inclut des projets du type « remplissage », c'est-à-dire logements à loyers modiques construits par la ville sur des terrains vagues ou à l'emplacement de taudis abandonnés et démolis, et un vaste projet de rénovation: Loge-Peuple de Pointe-Saint-Charles, Limitée.

## La Petite Bourgogne: ses limites géographiques et son histoire

De nos jours, la Petite Bourgogne est définie au nord par la butte au-delà de la rue Saint-Antoine, à l'est par la rue McGill, au sud par le canal Lachine et à l'ouest par la rue Atwater, le tout englobant la paroisse Sainte-Cunégonde et le fief Saint-Joseph d'antan.

En 1663, les Sulpiciens étaient les seigneurs de Montréal. En 1731, l'enregistrement des terres et censitaires nous apprend qu'à cette époque seize habitations existaient sur la côte Saint-Joseph qui deviendra plus tard le faubourg Saint-Joseph puis la Petite Bourgogne. À la suite de la conquête anglaise, les Sulpiciens perdirent leur titre de « seigneurs de Montréal ». Ceux-ci cédèrent alors leurs fiefs à des commerçants: John Samual McCord (1800), William Hallowell (1805), Frédéric-Auguste Quesnel. Ces

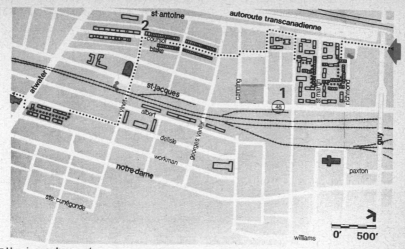

st·antoine

autoroute transcanadienne

coursol

blake

atwater

st·jacques

canning

1

48

vinet

albert

defisle

georges vanier

workman

notre-dame

paxton

ste·cunégonde

williams

0'        500'

▼ Un visage du passé

**Nouveau visage de la Petite Bourgogne**

riches propriétaires revendirent ces terrains entre 1840 et 1860. Les sociétés immobilières de spéculation firent alors leur apparition, achetèrent des terrains, construisirent des séries de maisons et les vendirent aux travailleurs. L'opération ne s'arrêtera qu'en 1905, lorsque l'élite locale et les promoteurs auront atteint la limite de l'endettement et de la taxation. C'est alors que la municipalité de Sainte-Cunégonde n'aura d'autre alternative que de s'annexer à Montréal. Les terrains sujets à spéculation sont construits. Il n'y a plus d'argent à faire dans ce quartier. La détérioration du quartier commence.

## Un style d'intervention

En parcourant ce quartier de l'est à l'ouest, nous remarquons d'abord ce nouveau style d'architecture à trois étages qui forme le principe de base du projet de rénovation urbaine de la ville de Montréal. L'architecture prenant plus conscience de nos jours de l'aspect social de l'habitation — voir le pourcentage d'occupation des logements, d'espaces verts, d'espaces récréatifs semi-privés et publics — nous retrouvons un environnement

plus dégagé que celui qui existait Notons deux parties dignes de mention. La première, rue Vinet près de Saint-Antoine **2,** est le résultat de rénovations qui nous portent à nous demander pourquoi nous voyons si peu de réfections dans un projet de cette ampleur. La deuxième, à l'angle des rues des Seigneurs et Saint-Jacques **1**, est gagnante de la médaille Massey, prix d'architecture.

Nous voyons aussi quelques vestiges de l'architecture précédente, telles les rues Lionel-Groulx, Delisle, Coursol et Blake. Nous y retrouvons cette architecture de quartiers ouvriers, les maisons collées les unes aux autres, construites de madriers de bois recouverts de brique, certai-

**Église Saint-Irénée**

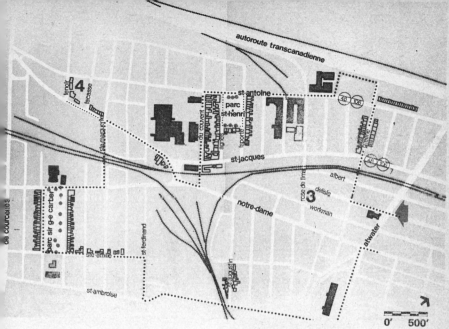

**Au marché Atwater**

nes arborant des détails inspirés des styles européens de l'époque. On y retrouve aussi ces fameuses portes cochères qui mènent aux hangars et quelquefois même, mais plutôt rarement de nos jours, à une autre maison dans le fond de la cour. Ces cours, devenues entrepôts de carcasses de voitures, de rebuts de toutes sortes, offrent un monde merveilleux aux enfants et un mal de tête effroyable aux inspecteurs de la ville.

Le reste du quartier n'est que terrains vagues, rasés et zonés pour l'habitation suivant le plan d'ensemble établi par les urbanistes de la ville. Le tout attend l'initiative de la ville ou de l'entreprise privée.

Pour résumer, disons que ce type d'intervention détruit un stock important de logements à loyers modiques, qui ne seront jamais remplacés, et il déplace une grande partie de la population qui ne revient pas habiter le quartier. En somme, il transforme le quartier en un ghetto d'assistés sociaux. Mentionnons, pour être plus précis, que de 1966 à 1973 la

Maison à revêtement de bois

population a diminué presque de moitié. La composition de la population de 1966 à 1971 a aussi changé radicalement: les petits salariés ont diminué de 33%, tandis que les assistés sociaux ont augmenté de 30% et les retraités de 7%. Ainsi, la ville a démoli un quartier à 80%, en a déraciné les gens, détruit l'esprit de quartier et ce sentiment d'appartenance essentiel à unir ces gens.

### Saint-Henri: ses limites

Saint-Henri est bordé au nord par la même butte au-delà de la rue Saint-Antoine, renforcée dernièrement par ce chef-d'oeuvre-de-génie qu'est l'autoroute est-ouest. Il est bordé à l'est par la rue Atwater, au sud par le canal Lachine et à l'ouest par la rue Saint-Rémi.

### Les Tanneries

D'abord connu sous le nom de Village des Tanneries, Saint-Henri se développe le long du Chemin du Roy devenu par la suite la rue Notre-Dame.

En 1813, le Village des Tanneries devient Saint-Henri, en hommage à l'abbé Henri-Auguste Roux, curé en titre et supérieur des Sulpiciens de la grande paroisse Notre-Dame, dont le Village des Tanneries dépend. De

1821 à 1825, la construction du canal Lachine relie plus concrètement Saint-Henri au centre-ville. En 1875, Saint-Henri est érigé en municipalité et reçoit en 1899 le titre de Saint-Henri.

Certains facteurs tels que la construction du canal Lachine et l'énergie électrique produite par ses écluses, la proximité du port et le développement des voies ferrées dans ce secteur, vont aider à transformer cette petite municipalité, ainsi que le Sud-Ouest rural en un quartier ouvrier, réservoir de main-d'oeuvre et coeur de l'industrie montréalaise.

### Le développement

C'est au début des années 1900 que le développement se fait sentir dans le quartier avec l'implantation de grandes industries telles que l'Imperial Tobacco et la Canada Malting. La croissance de la population nécessite en 1902 la création de la paroisse Sainte-Irénée. Le 30 octobre 1905, Saint-Henri est annexé à Montréal. Il compte 21 192 habitants.

L'arrivée constante de nouvelles industries renforce l'aspect de centre industriel. À la fin de la dernière guerre, le Sud-Ouest de Montréal, dont Saint-Henri est le

L'avenue Greene

quartier le plus important, est le plus grand centre industriel du pays.

Ce n'est qu'après la dernière guerre que, parallèlement avec la lutte difficile des travailleurs pour la syndicalisation, l'on remarque des améliorations dans le quartier telles que l'aménagement de parcs, la construction des tunnels Atwater et Saint-Rémi et l'amélioration des voies d'accès à Saint-Henri.

À partir des années 50, des compagnies importantes commencent à quitter le quartier. Des moins importantes les remplacent; les conditions de travail empirent et le quartier se détériore non seulement au niveau du travail, mais aussi du logement, de la santé et du niveau de vie. Les jeunes quittent le quartier, faute de travail. Par ailleurs, grossit de jour en jour le nombre d'assistés sociaux et de chômeurs. Telle est la situation actuelle.

### Un bastion

Saint-Henri est un bastion québécois français, puisque 97.7% de sa population est de langue française, 31% étant des enfants. Ce quartier a toutes les caractéristiques d'une zone grise: 28% des logements sont surpeuplés, la population établie est stable, la densité est forte (241 hm), presqu'aucun logement n'est habité par son propriétaire, la moyenne des loyers est de $41.00 par mois. La majorité des maisons a été construite avant 1910. Accolées les unes aux autres, elles ont toutes deux ou trois étages. Les

façades de brique rouge sont simples et bordent le trottoir. Généralement de mauvaise construction, elles sont tordues et hors niveau (elles étaient conçues pour les ouvriers). On y remarque néanmoins de curieux détails de boiseries, tels les supports de balcons, les bordures de toitures et les portes d'entrée, choses que l'on ne retrouve plus dans nos maisons modernes. Les portes cochères sont également de la partie. Dans certains secteurs, des ruelles donnent accès à l'arrière des maisons et c'est de là que le service se fait, c'est-à-dire le ramassage des ordures, la livraison d'huile; certains y ont même des garages.

Quelques coins retiennent l'attention par leur lien avec le passé, plus précisément les rues du Couvent, Saint-Augustin et Saint-Philippe, maisons de planches, vraies mansardes avec leurs grands balcons avant qui nous ramènent au début du siècle.

Chaque quartier ayant quand même ses coins plus huppés, on retrouve des maisons plus soignées autour de parcs splendides, tels les parcs Saint-Henri et Georges-Étienne-Cartier. Ces maisons, habitées anciennement par la bourgeoisie, sont plus solidement construites. Certaines ont même des façades de pierre, décorées de grandes baies vitrées, de fausses mansardes et de pignons élaborés.

Ici, l'intervention pour le moment n'est que minime. À part un projet isolé de la ville, à l'angle des rues Rose-de-Lima et Workman **3**, il y a le projet Lenoir **4**, conçu au départ par un groupe d'étudiants de l'Université McGill, endossé par la firme ARCOP et financé par la ville de Montréal. Ce projet est basé sur une consultation directe avec les habitants et un plan d'ensemble tenant compte des maisons existantes. Ce quartier est néanmoins une des priorités de la ville, du point de vue rénovation urbaine. Il est à noter plusieurs facteurs importants qui peuvent influencer le type d'intervention et l'avenir du quartier. Il y a tout d'abord l'aménagement de la zone du canal Lachine en un parc récréatif qui comprendrait: loisirs aquatiques, marina pour bateaux de plaisance, le tout entouré d'espaces verts. Ensuite, le fait que d'ici 1976, le métro traversera le quartier du nord au sud, avec une station importante de correspondance à l'angle des rues Atwater et Albert. Enfin, il y a l'abandon prochain par le C.N. d'une superficie importante de terrains qui présentement sectionnent le quartier. Tout ceci fait de Saint-Henri une zone « à surveiller » pour les prochaines années.

## Pointe-Saint-Charles

Ce quartier, comme Saint-Henri, se trouve isolé par d'imposantes frontières. Au nord, nous retrouvons le canal Lachine, à l'est et au sud les cours de triage du C.N., et à l'ouest l'autoroute Décarie-Bonaventure. Ces frontières ont fortement aidé à créer l'atmosphère et la mentalité de village que l'on retrouve aux deux endroits.

En 1668, toute la pointe n'était qu'une vaste ferme: la ferme Saint-Gabriel **5**. C'est à cet endroit que Marguerite Bourgeoys et ses compagnes travaillaient à l'éducation des filles des ouvriers et des paysans de Montréal. Les années 1820 ont été pour Pointe-Saint-Charles des années d'inauguration pour des projets majeurs, attirant ainsi une population ouvrière: en 1850, la construction du port de Montréal; en 1860, le chemin de fer « Grand Trunk » et le pont Victoria (premier pont reliant Montréal à la rive Sud). Ces voies de communication ont permis un développement industriel qui s'est poursuivi jusqu'en 1920. À cette époque, la plus grande partie de la population était composée d'Irlandais arrivés suite à la construction du canal Lachine. Leur histoire est marquée d'épidémies, d'incendies et d'inondations. En 1877, les financiers du bas de la ville s'annexent « la pointe » qui avait été jusqu'à cette date une communauté autonome composée en majorité d'une classe ouvrière. En effet, en 1870 la compagnie J. Redpath & Sons Sugar Refinery s'établissait à l'endroit maintenant occupé par Canada Dominion Sugar; la rue Mill comptait plusieurs moulins à farine et élévateurs; les manufacturiers de produits métallurgiques étaient installés çà et là dans le secteur et les services ferroviaires avaient presque leurs dimensions actuelles. En 1920, le développement industriel ralentit et, depuis 1940, n'a plus guère bougé. Avec l'ouverture de la Voie maritime du Saint-Laurent, le canal Lachine est réduit à une inactivité presque totale.

### La vedette

Pointe-Saint-Charles reste le quartier vedette des zones grises. Les mouvements communautaires y grouillent. On ne se laisse pas faire ici et tenez-vous-le pour dit! La Pointe est probablement le quartier qui a réussi à obtenir le plus d'aide financière et de subventions des gouvernements.

Nous y retrouvons un bureau d'aide juridique, deux (2) cliniques médicales, la pharmacie du peuple, Pointe Equal Rights Movement (PERM), Pointe Action Citizen's Committee (PACC), le Carrefour d'éducation populaire, la Maison de quartier et j'en passe... C'est probablement aussi à cause de ses habitants politisés que l'approche à la rénovation est traitée différemment par les autorités de la ville.

Nous y voyons donc un type d'intervention réussi, du point de

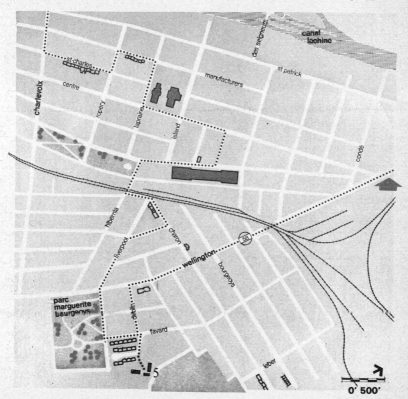

**Monuments à Jacques-Cartier**      **et à d'Iberville**

vue intégration. La ville a jugé bon de se servir de terrains vacants dans certains cas; ailleurs elle a racheté des maisons condamnées, pour ensuite les démolir et les remplacer par des maisons à loyers modiques. Ces projets dispersés dans le quartier évitent la concentration d'assistés sociaux, rehaussent l'aspect du quartier et n'altèrent aucunement sa nature. Nous y retrouvons aussi les résultats d'un projet pilote financé par la Société centrale d'hypothèques et de logement, « Loge-Peuple de Pointe-Saint-Charles, Ltée ». L'idée sur laquelle cet organisme sans but lucratif s'est basé, est le droit de tout citoyen à un logement convenable quelle que soit sa situation financière. L'approche du début était d'acheter des maisons dans un

état relatif de détérioration et d'y entreprendre les rénovations mineures nécessaires, sans augmenter le loyer. Bientôt ces rénovations se révélèrent majeures. Les locataires furent invités à participer, un peu tard, au processus de décisions. Il y eu une légère augmentation des loyers et présentement, les locataires sont en voie d'obtenir la gestion de la compagnie.

Il existe aussi un organisme sans but lucratif: « Destination Habitat Inc. », né de membres de la Société d'architecture de Montréal, qui a déjà rénové une série de logements de la rue La Montagne.

Ce sont de tels mouvements à petite échelle qui réussissent, avec le temps, à améliorer le sort des zones grises.

▲ Rue Coursol

▼ Le canal Lachine

# Le bord de l'eau

Les premiers établissements
Deux traditions architecturales et les débuts de l'industrialisation

**Phyllis Lambert**

Une ballade en voiture dans la partie ouest de l'île, par les routes du bord de l'eau, s'accompagne d'un charme campagnard et révèle, mieux que tout autre itinéraire, les éléments primordiaux de l'histoire de Montréal: une île dans un fleuve qui occupe un point stratégique du passage vers l'Ouest et qui peut être considérée séparément comme un centre commercial ou une ville de clochers: elle possède ces deux visages.

En effet, bien que la religion eut inspiré ses fondateurs, la colonie fut bien vite dominée par le commerce et ces deux éléments sont représentés dans les vestiges architecturaux de l'époque.

Nous rencontrerons en chemin des noms presque légendaire: Sault-au-Récollet, Ahuntsic, Rivière-des-Prairies, lac Saint-Louis, Lachine. Ces noms sont étroitement liés soit à certains colons, soit à certains explorateurs ou encore, aux eaux tourbillonnantes de cette région. La première expansion de Montréal est due au fait que le passage vers l'Ouest était bloqué par des rapides, près de Lachine et au Sault-au-Récollet. Ce sont deux des endroits les plus intéressants de l'île et leur nom rappellent des noyades célèbres.

Un certain Louis, compagnon de Champlain, se noya le 19 juin 1611 dans les rapides qui avoisinent le lac Saint-Louis, tous deux ayant pris son nom; à la vue de cet endroit Champlain s'exprima ainsi: « Les cheveux me hérissèrent sur la tête de voir ce lieu si épouvantable... 7 à 8 chutes d'eau qui descendent de degré en degré, la moindre est de 3 pieds de haut... avec un bruit si grand que l'on eut dit que c'était tout un tonnerre comme l'air retentissait du bruit de ces cataractes ». Après le voyage de Cavelier de LaSalle vers l'Ouest, les rapides du Sault-Saint-Louis furent rebaptisés Lachine tout comme la petite ville qui grandissait non loin — un nom quelque peu ironique car LaSalle, cherchant une route vers la Chine, aboutit nul ailleurs qu'au lac Ontario.

Le Sault-au-Récollet porte le nom du Récollet Nicolas Viel, qui se noya dans les rapides avec son jeune acolyte huron, Ahuntsic, en mai 1625. Ce missionnaire était arrivé deux ans plus tôt au pays des Hurons, « pour la gloire de Dieu et pour apprendre leur langue ». Des statues d'Ahuntsic et du Père Viel sont placées devant l'église de la Visitation, d'où nous commencerons notre itinéraire. Quant aux rapides, la construc-

MILLES
0 1 2 3 4 5

N
W E
S

4
1
SAULT AU RECOLLET
3
METRO
HENRI
BOURASSA
5
PAPINEAU
7 6
ILE JESUS
RIVIERE DES PRAIRIES
BOUL GOUIN
ILE BIZARD
2 Ste GENEVIEVE
ST CHARLES
EUX MONTAGNES
SENEVILLE
CANAL LACHINE
22
LAKESHORE DR.
BOUL ST JOSEPH
LACHINE
9
11 13 21
18
BOUL LASALLE
8 POINTE-CLAIRE
10
12
19
Ste ANNE DE BELLEVUE
14 17
20
ILE AUX HERONS
LAC ST LOUIS
15 16
RAPIDES DE LACHINE
VOIE MARITIME

▼ Lachine

tion d'un barrage hydroélectrique, en 1928, les a assagis.

On peut se rendre à Sainte-Geneviève et à Lachine par autobus, ainsi qu'au Sault-au-Récollet par le métro. Mais nous recommandons de faire l'excursion du bord de l'eau en auto et de se mettre en route de bonne heure. Il y a des restaurants un peu partout, mais vous trouverez aussi des parcs et une plage à l'ouest de Sainte-Geneviève où pique-niquer.

Voici le trajet depuis le centre-ville. Prenez la rue Sherbrooke vers l'est jusqu'à Delorimier. Delorimier jusqu'à Laurier, nouveau virage à gauche, puis rue Papineau en direction nord jusqu'au boulevard Gouin. Tout ceci prend environ une demi-heure.

Vous tournez encore à gauche et vous arrivez aussitôt au village du Sault-au-Récollet et à l'église de la Visitation 1. Depuis le XVIIIe siècle, on a toujours considéré cette église comme la plus jolie de l'île. Sa construction, commencée en 1749, a inspiré une tradition des maîtres-artisans qui ont vécu et travaillé au Sault-au-Récollet pendant près de cent ans. Le rococo Louis XV, plein de verve, fut apporté au pays par Philippe Liébert, un sculpteur sur bois né en Normandie. On croit qu'en 1764, il était à l'oeuvre dans l'église récemment construite. On peut voir, de chaque côté du maître-autel, deux jolies portes peintes décorées de sculptures naïves qui sont presque certainement de lui. Il a fait le tabernacle en 1792.

Louis Quévillon, né au Sault-au-Récollet en 1749, continua la tradition de Liebert. Son atelier était important. Avec un groupe de sculpteurs, il domine les artisans de l'École de Montréal au début du XIXe siècle. Il reste de lui, au Sault-au-Récollet, un coffre très simple dans la sacristie (1789), des tabernacles pour les chapelles latérales (1802) et des tables d'autel qu'on lui commanda en 1806. C'est à cette même date qu'il fut choisi pour exécuter la table du maître-autel. Un de ses apprentis, Vincent Chartrand, sculpta la chaire en 1836, puis, de 1841 à 1845, il agrandit les jubés.

L'intérieur actuel de l'église est principalement dû à David Fleury David. Né lui aussi au Sault-au-Récollet, il a fait vivre la tradition de Quévillon et Liébert. De 1816 à 1831, il a travaillé presque continuellement à l'église et il est l'auteur des délicats motifs cloués de la voûte, de la corniche corinthienne qui fait le tour de l'église, des rétables du maître-autel et des deux chapelles. Les boiseries du choeur, de la nef et des jubés, les sculptures à l'arrière du maître-autel, les fonts baptismaux désaffectés de nos jours, tout cela vient de David Fleury David.

L'histoire de la construction de cette église nous apprend comment vivaient les villageois de l'île à cette époque. La première église avait été bâtie non loin de Fort Lorette (1696), érigé pour défendre la mission destinée à l'éducation des Iroquois et des Hurons. Cette mission, jadis au fort de la montagne, fut abandonnée en 1721, mais l'église continua de servir pendant trente ans encore. C'est alors que l'évêque de Québec écrivit ce qui suit aux paroissiens: « Votre église, mes chers enfants, menace ruine si prochaine... ». Et il leur ordonna d'en bâtir une autre.

Un entrepreneur-maçon né au Sault-au-Récollet fut chargé des plans et de la construction, et les marguilliers en remirent l'entière responsabilité à l'ensemble de la population qui dut fournir travail, argent et matériaux. La nouvelle église fut consacrée par l'évêque de Québec en 1752.

Un siècle plus tard, elle était devenue trop petite. Cette fois, ce sont les paroissiens qui adressèrent une pétition à l'évêque, non de Québec mais de Montréal, pour se faire accorder la permission de l'agrandir; ils choisirent un architecte, John Ostell, né en Angleterre et architecte officiel du diocèse. À la demande des paroissiens, il élargit l'église de 25 pieds en y construisant une façade flanquée de deux tours.

La construction commencée en 1850 s'inspire de l'église voisine de Sainte-Geneviève **2** qu'on venait de terminer. Suivant une vieille tradition québécoise, c'est un charpentier de la région qui fut chargé d'achever le travail des deux clochers de bois.

En reprenant la route, vous verrez, au no 1635 boulevard Gouin, à votre droite, la résidence Berthiaume-Du Tremblay **3**, un centre d'accueil pour personnes âgées, un bâtiment de qualité conçu par l'architecte montréalais Roland Dumais. De la route,

à cet endroit, un coup d'oeil vers la rivière permet d'apercevoir le pont Papineau **4**. Ce pont suspendu, en acier, est le plus élégant de l'île. (Ingénieurs: Paul Marquis et J.-G. Demers, de la firme Gendron, Lefebvre et associés).

Sur le boulevard Gouin, parmi les bâtiments imposants, se trouve notamment la prison de Bordeaux **5** construite en 1912 et, à Cartierville, l'hôpital du Sacré-Coeur **6**, pour tuberculeux, bâti en 1926.

C'est à Cartierville également qu'est situé le parc Belmont qui offre toutes sortes d'attractions aux jeunes et aux moins jeunes depuis 1923. L'entrée du parc est située rue Lachapelle.

Dans tout ce secteur, on peut faire des découvertes personnelles intéressantes. Ainsi à Bordeaux, on pourra voir des maisons de village datant du siècle passé et, dans les parcs de certaines institutions qui furent autrefois des villas de banlieue, des arbres magnifiques. Les guides de 1890 mentionnent « la beauté primitive de la route romantique qui suit la rivière ». Elle y règne encore. Cependant les vestiges d'un monde disparu sont de plus en plus rares, tout spécialement le long de la Rivière-des-Prairies, dont les rives lui mériteront bientôt l'appellation anglaise connue depuis toujours, « The Back River ». Le prix élevé du terrain et le manque de zonage et de planification ont eu pour résultat un morcellement incohérent du territoire et un paysage cruellement charcuté, dans tous les villages et dans toutes les municipalités.

Sur la route bordant la Rivière-des-Prairies, à environ 15 milles du Sault-au-Récollet, se trouve l'église de Sainte-Geneviève de Pierrefonds **2** où la décoration s'entremêle à l'architecture. Cette église et celle de la Visitation illustrent les deux courants opposés de l'architecture montréalaise: Sainte-Geneviève est un exemple d'académisme traditionnel, tandis que la Visitation représente une tradition locale d'artisans qui étaient presque toujours bâtisseurs et parfois même, architectes. À l'origine de la conception de Sainte-Geneviève, on retrouve l'abbé Jérôme Demers, un professeur du Grand Séminaire de Québec. Il dédaignait l'École des artisans de Montréal et publia, en 1825, ses propres principes d'architecture basés sur des modèles de style Renaissance et néobaroque.

Un de ses amis, l'architecte québécois Thomas Baillargé, prit charge de Saint-Geneviève. Il en conçut aussi bien l'intérieur que l'extérieur. Il faut dire cependant qu'on a légèrement restauré l'intérieur en 1925-27 et que la façade a été refaite entre 1908 et 1912.

Pour rejoindre l'autre côté de l'île, on prend la montée Saint-Charles, à gauche, jusqu'à la route qui longe le Saint-Laurent. La banlieue de ce côté de l'île a connu un meilleur sort. Elle a gardé le cachet des centres de villégiature: maisons de bois campagnardes parfois très raffinées, situées dans un paysage parfois

sauvage; s'y trouvent en plus des reliques successives d'époques disparues: des forts, des postes de traite, de vieilles fermes et d'anciens entrepôts, un canal, le chemin de fer et des bâtiments industriels.

En entrant dans Pointe-Claire, tournez à droite dans la rue Saint-Joachim qui mène à la pointe pour aller voir un moulin à vent. Ce moulin, construit vers 1700,

**Le moulin à vent de Pointe-Claire**

est le dernier survivant d'une série de forts érigés à proximité des rapides de Lachine. Ces moulins servaient à moudre la farine, mais on pouvait également s'y réfugier en cas d'attaque: ils protégeaient ainsi les nouveaux établissements qu'avait suscités l'arrivée des soldats du régiment Carignan-Salières, sous Louis XIV et formaient la première ligne de défense du fort Ville-Marie, le Vieux Montréal.

De retour sur la route 17, on verra quelques demeures typiques de l'ère victorienne. Ce sont les maisons de campagne de riches Montréalais du tournant du siècle, tel Stewart Hall **9** au no 176 du Bord-de-l'eau, à Pointe-Claire. Sa bibliothèque renferme divers livres illustrant d'autres villas disparues. Construite entre 1910 et 1916 et appelée alors Mull Hall. C'est une réplique demi-tor-

**L'église de la Visitation**

L'église Sainte-Geneviève

mat d'un château de Mull Island en Écosse. On a transformé cette demeure en centre communautaire.

En roulant de Pointe-Claire à Lachine, vous pouvez tenter de reconstituer dans votre imagination deux autres forts aujourd'hui disparus. Le fort de La Présentation **10** ou Gentilly, situé dans les parages de la rue de La Présentation et Lake Shore Drive à Dorval, servit de mission pour l'éducation des Indiens, en 1667-68. Plus en aval, s'élevait le fort Roland **11**, construit vers 1670 pour servir de poste de traite. Une petite rue en rappelle le souvenir. Elle est traversée par la 36e avenue, à Lachine, non loin du boulevard Saint-Joseph.

Au no 2875 de ce boulevard, se trouve un ancien entrepôt industriel. Il faut entrer pour voir sa structure. D'énormes troncs d'arbre écorcés créent, avec les murs de pierre, une impression de grande puissance.

Ce bâtiment, de même que le club nautique avoisinant, fut construit vers 1811 par la brasserie Dawes **12**, une des premières industries importantes de Montréal.

À cause de ses rapides, Lachine est une des régions clés du développement de Montréal. Située juste en amont des rapides, elle devint la porte d'entrée du lac Saint-Louis aux eaux calmes, par où passaient les bateaux pour aller vers l'Ouest. Ainsi, un portage, et plus tard un canal, relièrent Lachine et Montréal. Durant près de trois siècles, jusqu'à

l'avènement du chemin de fer, Lachine fut la base avancée de tous les déplacements vers l'Ouest. Elle a été successivement un poste fortifié, le centre de la traite des fourrures du Nord-Ouest, un point d'expédition vers les Grands Lacs et leurs canaux et, finalement, une ville industrielle. Elle témoigna donc des étapes commerciales de Montréal.

Devant le couvent des Soeurs de Sainte-Anne **13** sur le boulevard Saint-Joseph, une continuation du bord de l'eau, se trouve, entre la 12e et la 16e Avenue, un ancien entrepôt de la compagnie de la baie d'Hudson **14**. Le couvent a été construit avec de la pierre récupérée de l'ancien canal Lachine, construit à la fin du XVIIIe siècle; le pensionnat date de 1863 et le noviciat de 1871. Les religieuses avaient acheté en 1861 ce terrain à la mort de Sir George Simpson, président de la Compagnie de la baie d'Hudson. En 1888, elles démolirent sa demeure qui datait de 1820 pour construire la chapelle.

Prenez le temps de lire les plaques historiques placées le long du boulevard Saint-Joseph. C'est un maire de Lachine, Anatole Carignan, qui les y a fait installer. On doit également à ce magistrat remarquable la promenade du vieux canal et le tracé actuel du grand parc LaSalle, ainsi que plusieurs autres espaces verts. Il fut un initiateur dans le domaine de la conservation de nos richesses et il a fait de grands travaux pour combattre la dépression des

**Couvent Ste-Anne, Lachine**

années 30. Il a été député, ministre du cabinet provincial et fondateur de la Société historique de Lachine.

Le transport constitua un des grands problèmes de toute la première phase de la colonie. Au début du XVIIIe siècle, les seigneurs de l'île, les Sulpiciens, avaient tenté de percer un canal à travers Lachine, mais l'entreprise dépassait leurs moyens et fut abandonnée en 1733.

Entre 1779 et 1783, on reprit les travaux. Le canal devait avoir 8 pieds de largeur et 18 pouces de profondeur et ne constituait guère qu'un fossé. La guerre de 1812 fit voir l'intérêt militaire d'en changer les dimensions. De 1821 à 1824, on construisit sur 8½ milles de long, 25 pieds de largeur et 5 pieds de profondeur, avec des écluses longues de 100 pieds. Les derniers travaux importants terminés en 1883 en firent un passage de 14 pieds de profondeur et muni d'écluses de 270 pieds.

Le tonnage total des navires passant par le canal Lachine a centuplé entre 1850 et 1935, mais l'importance du canal sur la route de l'Ouest a rapidement diminué

avec l'arrivée des chemins de fer. La fin de sa suprématie comme voie de communication survint lorsque le Canadien Pacifique acheta, en 1892, le pont menant aux États-Unis qu'on peut voir **15** depuis le boulevard LaSalle. (Dans le voisinage immédiat de ce pont, se trouvent les arches jumelles du pont Mercier **16** construites en 1934 et en 1964.)

Le canal conserva cependant son importance industrielle, parce qu'il pouvait fournir l'eau et l'énergie motrice. À son extrémité ouest les usines Dominion Bridge **17** s'étaient installées en 1883 et dès 1901, la Canadian Allis Chalmers **18** a commencé à fabriquer de la machinerie lourde. Quand on a fait le virage à droite sur la 6e Avenue pour franchir le canal, il est évident que ces énormes usines dominent encore la ville de Lachine. Le canal, cependant, a fini sa carrière en 1966, supplanté par la Voie maritime du Saint-Laurent, inaugurée en 1959.

Il existe présentement des projets pour transformer le canal Lachine en un parc dont les quartiers avoisinants ont grand besoin pour les loisirs et l'agrément de leurs 250,000 habitants. Il est significatif que cette voie d'eau qui, pendant plus de deux siècles, a reflété le changement des valeurs dans notre société, soit à l'avenir, non plus un site commercial et industriel, mais un symbole des nouvelles normes du développement urbain.

La dernière partie de notre voyage nous ramène au XVIIe siècle: il s'agit de visiter deux maisons transformées en musée et de rappeler au passage deux forts disparus.

Le premier musée, le Manoir **19**, est situé au-delà du pont de la 6e Avenue à Lachine, au 100, boulevard LaSalle. Le site fait partie de l'un des terrains que LaSalle vendit pour financer son expédition vers l'Ouest. Une partie de l'édifice servit de poste de traite peu après son départ en 1669. Les salles d'époque du musée méritent une visite; on y retrouve une collection d'équipement de coureur de bois, une chapelle du XIXe siecle et des curiosités du temps des premiers chemins de fer. Il ouvre tous les jours de 14 à 19 heures, sauf les lundis et les jours fériés.

Un autre fort, le fort Rémy **20**, s'étendait là où se trouve le boulevard LaSalle, entre les rues Strathyre et Bélanger. Son histoire remonte à 1666, date où les Messieurs de Saint-Sulpice avaient concédé des terres à Monsieur de LaSalle. Fort Rémy faisait partie de la seigneurie de LaSalle; tous les seigneurs devaient faire construire un moulin et un fort. Ce terrain est maintenant

vacant et des excavations pourraient sans doute faire retrouver des traces du fort.

Le dernier fort de ce parcours **21** construit vers 1676 par René Cuillerier pour protéger son domaine, se trouvait dans ce qui s'appelle aujourd'hui Ville LaSalle, devant un petit pont qui est au-dessus de l'entrée de l'aqueduc de 1850, à l'intersection de la 75e Avenue et du boulevard LaSalle.

Une dernière visite vous est proposée: celle de la ferme Saint-Gabriel, un bâtiment du XVIIe siècle, très bien restauré, à Pointe-Saint-Charles et que l'on trouvera à l'endroit où la rue Wellington commence, près d'Atwater. (Sur la route, passé le pont Champlain on trouve le parc Marguerite-Bourgeoys où des panneaux indiquent l'emplacement de la ferme.) Le bâtiment principal a déjà servi d'école à Marguerite Bourgeoys, la fondatrice de la Congrégation de Notre-Dame, pour instruire les Filles du Roy, des jeunes filles qui consentaient à émigrer en Nouvelle-France dans le seul but d'épouser les colons. Les Soeurs de la Congrégation de Notre-Dame ont restauré les immeubles en 1965 et installé le mobilier du XVIIe siècle qui reconstitue les appartements des Filles du Roy. Ce musée est ouvert tous les matins de 9h30 à 11h30, sauf les lundis, dimanches et jours de fête. On demande de téléphoner à 935-8136 avant d'y aller en hiver.

Pour retourner au centre-ville, continuer à rouler rue Wellington, dépasser le tunnel et tourner à gauche sur la rue Peel.

# Les églises

**Pierre Beaupré**

Dès sa fondation, Montréal reçut une empreinte religieuse et, même si l'esprit mercantile des traiteurs succéda graduellement aux intentions premières de ses fondateurs, sa physionomie demeure profondément marquée par la présence de l'Église. Déjà la société Notre-Dame, bailleur de fonds du groupe de pionniers qui, sous la direction du Sieur Chomedey de Maisonneuve, furent les premiers à s'installer en permanence sur l'île, avait comme but avoué, la conversion des « sauvages » de la Nouvelle-France. Encore aujourd'hui, la rue des Seigneurs, qui nous mène vers le séminaire des Messieurs de Saint-Sulpice, nous rappelle par son nom le rôle déterminant des premiers seigneurs de l'île dans le développement de la ville.

À la conquête, l'Église perdit aux mains de la bourgeoisie anglo-saxonne une partie de ses pouvoirs temporels, mais elle garda longtemps une emprise spirituelle profonde sur la population. La paroisse demeura le premier cadre d'identification communautaire, même en milieu urbain; l'église paroissiale en devint la symbole physique et domina invariablement le domaine bâti. Déjà, sur une vue de Montréal datée de 1684, apparaît la nette prédominance de l'église paroissiale (Notre-Dame, située à l'époque dans l'axe actuel de la rue Notre-Dame) sur tout son environnement. Dès 1874, on comptait plus de 75 églises à Montréal (pour une population de 150 000 âmes) et peu après sans doute, apparaissait la fameuse expression: « Montréal, la ville aux cent clochers ».

Aujourd'hui, des quelques bâtiments qui nous restent du régime français, la plupart sont des bâtiments à caractère religieux; citons, par exemple, les tours du fort de Saint-Sulpice, le Vieux Séminaire, ou encore l'Église de la Visitation.

Au cours des deux siècles qui suivirent, l'architecture religieuse s'inspira des renouveaux de style communs à l'architecture occidentale du XIXe siècle. Ainsi le néo-gothique eut-il, au moment de la construction de la nouvelle église Notre-Dame, la faveur de l'épiscopat catholique jusqu'à ce que, pour traduire dans un symbole tangible l'attachement de l'Église canadienne à Rome, Monseigneur Bourget renverse la tendance et remette à la mode les formes inspirées de l'Italie renaissante. En contrepartie, le néo-gothique retrouve à ce moment la faveur de l'Église protestante, au-

168

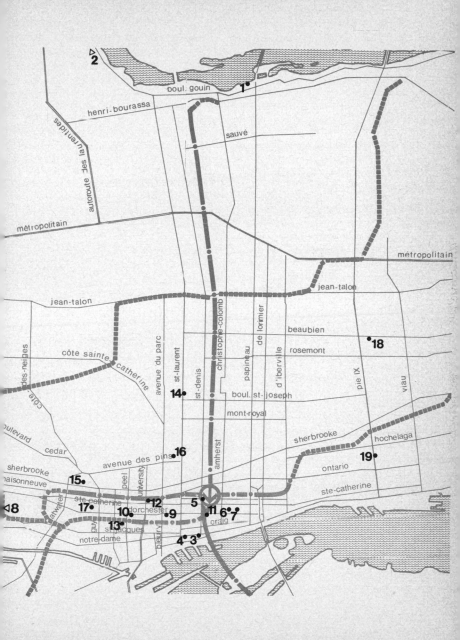

paravant inclinée au néo-classicisme anglais. Le XXe siècle, s'il dégagea graduellement l'architecture des pastiches où elle s'enlisait, ne vit cependant pas de réalisations aussi heureuses qu'au cours des siècles précédents. Parmi les réalisations d'après-guerre, seules quelques églises (en particulier celles de D'Astous) échappent à la médiocrité.

Un coup d'oeil général sur la ville, du haut de la montagne, vous aura déjà permis de percevoir quelques dizaines de clochers; la liste qui suit vous permettra d'avoir un aperçu des jalons les plus significatifs de la présence religieuse à Montréal.

**1 La Visitation, Sault-aux-Récollets**
Construite en 1750 par les Sulpiciens, pour un village indien, décoration de Fleury David, chaire de Vincent Chartrand, façade refaite en 1850 par John Ostell.

**2 Ste-Geneviève, Pierrefonds**
Construite sur les plans de Baillargé, intérieurs modifiés, façade refaite au début du XXème siècle.

**3 Notre-Dame-de-Bonsecours, rue St-Paul**
Les murs datent de 1771, la façade a été refaite à la fin du XIXème siècle; mauvaise restauration des intérieurs de Meloche; la voûte originale existerait au-dessus de la voûte actuelle.

**4 Notre-Dame, Place d'Armes**
Premier bâtiment néo-gothique

à Montréal, commencé par O'Donnel, intérieurs de V. Bourgeau, travail d'ébénisterie remarquable.

**5 St-Jacques, rue St-Denis**
Clocher conçu par Ostell en 1860 et repris par V. Bourgeau, 20 ans plus tard, transept de Perreault-Ménard, nef construite en 1932 sur les murs qui résistèrent à l'incendie.

**6 St-Pierre Apôtre, rue de la Visitation**
Bon exemple de néo-gothique, construit par Victor Bourgeau.

**7 Ste-Brigide, rue Alexandre de Sève**
Voisine de la précédente, Poitras et Morin architectes, 1878.

**8 St-Joachim, Pointe-Claire**
Église de campagne néo-gothique, construite par Victor Bourgeau, cependant mal restaurée.

**9 St-Patrick, rue La Gauchetière**
Commencée en 1843, d'après les plans de Pierre-Louis Morin; important monument néo-gothique; jardins qui pourraient être intéressants, s'ils étaient mieux aménagés.

**10 La Cathédrale, Marie-Reine-du-Monde, boulevard Dorchester**
Construite par Victor Bourgeau, malgré son opposition initiale à l'idée d'un bâtiment calqué sur le modèle de St-Pierre de Rome, tel que l'exigeait Monseigneur Bourget.

**11 Notre-Dame de Lourdes,
rue Ste-Catherine**
Commencée en 1873; plans et
dessins de Napoléon Bourassa,
intérieurs de Napoléon Bourassa,
ensemble de sculptures de Philippe Hébert.

**12 Cathédrale anglicane, Christ
Church, rue Ste-Catherine**
Construite par Frank Wellin en
1857, succédant au monument
néo-classique de la rue Notre-
Dame détruit par le feu en 1856;
cette église marque la conversion
de l'église anglicane au néo-
gothique.

**13 St.George Church**
Construite par William Thomas.

**14 St-Enfant-Jésus du Mile End,
rue St-Dominique**
Nef: milieu du XIXème siècle,
portique, choeur, voûte et coupole de Jos. Venne. (1898-1901),
fresque d'Ozias Leduc, mal
restaurée.

**15 Le grand Séminaire,
rue Sherbrooke**
Bâtiment de John Ostell, la
chapelle (1905) est de J.-O.
Marchand; tours du fort des Sulpiciens, en façade (1696); jardins.
et plans d'eau intéressants.

**16 L'Hôtel-Dieu, avenue des Pins**
De la rue Ste-Famille, admirez
la coupole de Victor Bourgeau,
(1859).

**17 Maison Mère des Soeurs
Grises, boul. Dorchester**
Bâtiment de Victor Bourgeau.

**18 St-Jean-Vianney,
25ième avenue Rosemont**
Roger d'Astous, (1963)

**19 St-Jean-Baptiste-de-La Salle,
boulevard Pie IX**
Lemay, Leclerc, Trahan, (1964)
Ces deux dernières églises comp-
tent parmi les quelques réussites
de l'après-guerre.

# Espaces verts

**Pierre Beaupré**

Les espaces verts de Montréal sont, comme les églises ou les propriétés des communautés religieuses, une proie toute désignée pour l'appétit vorace des promoteurs. Ils offrent une solution facile aux nécessités soudaines de l'expansion urbaine; on pense évidemment ici au triste sort auquel est voué le parc Viau **15** et aux menaces qui pèsent toujours sur les magnifiques jardins des Sulpiciens **14**; on pense aussi aux difficultés qui compromettent déjà, avant sa naissance, le projet d'aménager en parc les îles du Saint-Laurent en face de Boucherville. Enfin, on se rappelle aussi, même s'il ne s'agissait pas là d'espaces verts à proprement parler, les rangées d'arbres qui ombrageaient le boulevard Saint-Joseph, ou encore la rue Sherbrooke.

Il existe cependant à Montréal une quantité d'espaces verts agréables, souvent nés de circonstances fortuites (un cimetière ou un réservoir désaffecté) et de caractère très divers. On retrouve ainsi quelques grands parcs urbains, dont souvent une partie demeure en friche, divers squares ou places à caractère nettement urbain qui sont essentiellement des carrefours animés plutôt que des lieux de calme et d'isolement

et, enfin, quelques parcs de quartier autour desquels s'érigèrent souvent les résidences les plus cossues du secteur. On retrouve en outre de vastes jardins, au centre de la ville, souvent propriétés de communautés religieuses, et qui demeurent, comme les jardins du Séminaire, des oasis de quiétude au sein de l'animation du centre-ville. On retrouve enfin la manifestation de gestes plus volontaires, voire contestataire, dans la création de mini-parcs, tels celui du secteur Milton-Park, qui vécut quelques mois sur un des terrains laissés vacants par les démolitions entreprises par le groupe Concordia.

Donc, toute une série d'exemples qui témoignent des multiples formes sous lesquelles l'homme a voulu réintégrer dans la ville une nature désormais apprivoisée, alors que la nature sauvage lui devient de plus en plus inaccessible.

Cependant, Montréal demeure encore une ville où les espaces verts font défaut (2.1 acres pour 1 000 habitants) et où la qualité de ceux qu'on protège est souvent compromise, soit par les voies d'accès automobile qu'on y aménage (par exemple, la voie Camilien-Houde), soit par les super-conciergeries qu'on érige tout au-

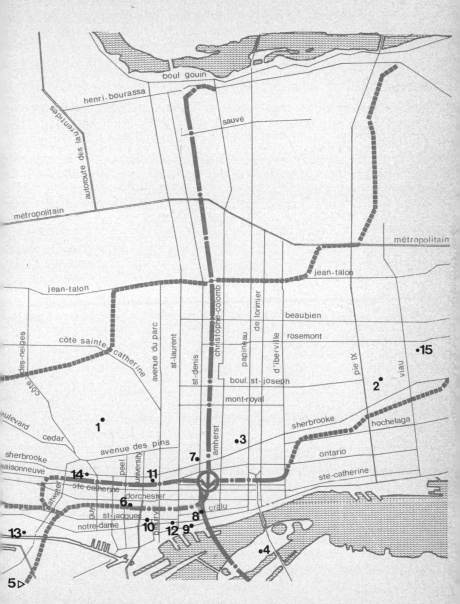

boul gouin

henri-bourassa

sauvé

autoroute des laurentides

métropolitain

métropolitain

jean-talon

jean-talon

côte-des-neiges

côte sainte catherine

avenue du parc

st-laurent

st-denis

christophe-colomb

papineau

de lorimier

d'iberville

beaubien

rosemont

pie IX

viau

•15

boul. st-joseph

2 •

mont-royal

1 •

sherbrooke

hochelaga

avenue des pins

amherst

•3

boulevard

cedar

sherbrooke

maisonneuve

peel

university

ontario

ste-catherine

14 •

7 •

11 •

ste-catherine

atwater

dorchester

6 •

guy

craig

8 •

st-jacques

10 •

12 • 9 •

notre-dame

13 •

•4

5 ▷

tour (par exemple, au parc Lafontaine et sur le chemin de la Côte-Sainte-Catherine, face à la montagne).

### 1 Le mont Royal
Ce parc constitue un des éléments les plus caractéristiques de la ville; acheté par la ville en 1873 et planifié par F.L. Olmsted, le parc de la montagne couvre 530 acres. (voir le chapitre 8).

### 2 Le parc Maisonneuve
Ce parc comprend le Jardin botanique ainsi que le golf municipal. On retrouve au sud le chantier des installations olympiques, alors que la partie est du parc deviendra le village olympique.

### 3 Le parc Lafontaine
100 acres de verdure au coeur de l'Est montréalais; ce parc comprend deux lacs ainsi que le Jardin des merveilles (petit jardin zoologique)

### 4 Ile Sainte-Hélène
Au milieu du Saint-Laurent, entourée de ce qui fut l'Expo 67. Vous aurez, depuis ce parc, un coup d'oeil saisissant sur Montréal.

### 5 Le parc Angrignon
Un vaste parc dont une partie n'est pas encore aménagée; on envisage d'y construire un jardin zoologique. Déjà y sont situés les quartiers d'hiver du petit zoo du parc Lafontaine.

### 6 Le « carré » Dominion
Site d'un cimetière protestant jusqu'à 1850 environ, ce square fut acquis par la ville en 1871 et est aujourd'hui entouré de bâtiments qui témoignent de toutes les étapes de l'évolution de la ville.

### 7 Le « carré » Saint-Louis
Square à caractère romantique, lieu de rencontre de la bohème montréalaise, le carré Saint-Louis fut jusqu'en 1878 le site d'un réservoir d'eau potable pour les résidents de la partie sud de la rue Sherbrooke.

### 8 Le « carré » Viger
Une grande partie du square actuel fut cédée à la ville par son premier maire, Jacques Viger, en 1844. Encore entouré de quelques bâtiments intéressants, le square a perdu son prestige et son charme d'antan.

### 9 La place Jacques-Cartier
Au coeur du Vieux-Montréal, l'ancienne place du marché redevient, surtout l'été, le carrefour achalandé qu'elle avait été au début du XXe siècle.

### 10 Le « carré » Victoria
Un square aujourd'hui sans caractère, héritier du marché-aux foins, créé au début du XIXe siècle lors des travaux d'aménagement qui accompagnèrent la démolition des fortifications.

### 11 Le Square Phillips
Carrefour animé du secteur commercial

### 12 La Place d'Armes
Au coeur du noyau financier montréalais

### 13 Le square Sir Georges-Étienne Cartier
Au centre du quartier Saint-Henri, entouré de façades de pierres grises.

▲ Le domaine des Sulpiciens          ▼ Le cimetière protestant

# Le métro

**Pierre Beaupré**

Élément nécessaire à l'expansion de la ville industrielle du XIXe siècle, les systèmes de transport en commun demeurent encore aujourd'hui des structures essentielles à la vie urbaine. L'impact de l'automobile peut avoir créé des structures encore plus évidentes dans la ville du XXe siècle; il n'en demeure pas moins qu'on ne peut plus aujourd'hui imaginer le futur de nos métropoles sans systèmes de plus en plus perfectionnés de transport public, et le métro de Montréal a marqué un jalon en ce sens.

Lors de son inauguration, en 1966, le métro avait déjà une longue histoire derrière lui. Déjà, en 1910, la « Montreal Street Railway Company » avait fait modifier sa charte en vue d'obtenir l'autorisation d'aménager et d'exploiter des voies ferrées sous terre. L'affaire en reste cependant là, malgré les nouveaux projets qui apparaissent à toutes les décennies et les rapports successifs des commissions d'enquête sur le transport à Montréal. Ce n'est qu'en 1960, lors des élections municipales, que le projet d'un métro entre dans le champ politique après avoir séjourné cinquante ans chez les technocrates. Le candidat à la mairie en fait son cheval de bataille et la réalisation suit

peu après. L'inauguration officielle des travaux a lieu le 22 mai 1962 et le 14 octobre 1966, des milliers de Montréalais prennent d'assaut les premières rames.

Sans avoir l'ampleur du « Tube » de Londres (32 milles (Montréal) en regard des 250 milles du « Tube »), sans connaître l'achalandage du « Métropolitain » de Paris (125 millions de voyageurs par année (Montréal) en regard de 1 250 millions) et sans posséder les splendeurs des marbres du métro de Moscou, le métro séduisit aussitôt les Montréalais. Les diverses innovations techniques qui y ont été incorporées, aussi bien que l'architecture de ses stations contribuèrent à ce succès immédiat. Le métro sur pneus, déjà expérimenté en France depuis 1957, procure un roulement beaucoup plus doux que le métro conventionnel; soulignons cependant certains dangers inhérents à ce système (mis en lumière au cours de deux accidents majeurs récents) et aussi le fait qu'un tel système, mieux adapté à la desserte d'une zone très dense rend relativement onéreux les prolongements en zone périphérique.

En outre, l'observateur perspicace aura sans doute remarqué, après s'être familiarisé quelque

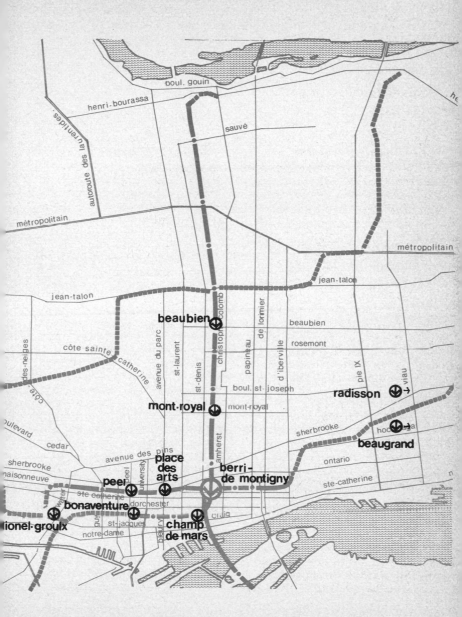

peu avec le métro montréalais, deux catégories dinstinctes de stations: l'une caractérisée par l'ampleur de ses volumes, l'autre, par le gabarit standardisé de sa voûte. Ces deux catégories reflètent deux procédés de construction utilisés lors de la réalisation du métro, soit en tunnel à travers le roc (la majeure partie de la ligne nord-sud), soit en tranchée. Les travaux en tunnel minimisèrent les ennuis aux niveau des rues, alors que les travaux en tranchées donnèrent pendant plusieurs mois, au centre de Montréal, l'allure d'un vaste chantier. Les terrains vagues situés de part et d'autre du boulevard de Maisonneuve donnent une assez bonne idée de l'ampleur de ce chantier. En effet, malgré les

**Station Beaubien**

**Station Mont-Royal**

intentions de l'administration municipale et ses efforts en ce sens, un seul bâtiment — au-dessus de la station Guy — vint se greffer directement au réseau du métro en utilisant les droits aériens, alors qu'il eût été logique d'espérer dès lors une forte densification tout le long de cette nouvelle épine dorsale du centreville.

Rappelons enfin, avant d'inviter le lecteur à jeter un coup d'oeil à quelques-unes des stations intéressantes du réseau actuel ou futur (1976), que le métro a été conçu comme un élément d'un réseau intégré de transport en commun, de sorte que la correspondance est gratuite entre le métro et les autobus qui se rabattent sur chacune des stations.

Parmi les stations déjà construites (1974) on remarquera les suivantes:

**Berri-de Montigny.** Architectes: Longpré et Marchand; station de correspondance des lignes 1, 2 et 4; malgré un traitement des surfaces ennuyeux, les divers niveaux de la station réservent des coups d'oeil saisissants sur les mouvements des passagers et des véhicules.

**Bonaventure.** Architecte: Victor Prus; peut-être la mieux réussie de toutes les stations, grâce à l'ampleur des volumes, à l'articulation bien marquée des circulations et à la cohésion du traitement architectural. Remarquez aussi, du même architecte, la station Mont-Royal, qui possède les mêmes qualités que la précédente, sans en avoir l'ampleur.

**Peel.** Architectes: Papineau, Leblanc, Gérin-Lajoie; à signaler: le contraste entre la texture du béton et les couleurs des panneaux d'éclairage et de la céramique ainsi que l'intéressant parti tiré de la structure en fait un ensemble architectural stimulant.

**Beaubien.** Architecte: Roger d'Astous; malgré un certain maniérisme, surtout au niveau de l'édicule en surface, cette station creusée en tunnel dans le roc demeure une réussite.

**Place-des-Arts.** Architectes: David et Boulva; on pourra soit reprocher à cette station un certain éclectisme au niveau des matériaux et des formes, soit trouver

une certaine fraîcheur dans ses teintes de bleu et blanc et dans la polychromie de ses vitraux.

**Champ-de-Mars.** Architecte: G. Masson; une architecture banale qui permet cependant la pénétration de la lumière au niveau des quais; la verrière est de Marcelle Ferron.

Parmi les stations qui seront ouvertes en 1976, les suivantes semblent devoir être les plus intéressantes:

**Angrignon, Lionel-Groulx** (nouvelle station de correspondance), **Préfontaine** (le vitrage généreux devrait permettre au soleil d'y atteindre les quais), **Radisson et Beaugrand** (intéressant traitement de béton).

**Station Place-des-Arts**

**Station Bonaventure**

**Station Peel**

**Station Berri-de-Montigny**

# Bibliographie Sélective

**Atherton, William Henry.**
Montreal (1535-1914). 3 vol. Montreal, The S. J. Clarke publ. Co., 1914.

**Beaulieu, Claude.**
Architecture contemporaine au Canada-français. Ministère des affaires culturelles, Québec, 1969.

**Beauregard, Ludger.**
Montréal, guide d'excursions / Field Guide. Montréal, Presses de l'Université de Montréal, 1972

**Blanchard, Raoul.**
L'ouest du Canada français. vol. 1, Montréal et sa région. Montréal, Beauchemin, 1953.

**Charney, Melvin.**
Pour une définition de l'architecture au Québec, dans Architecture et urbanisme au Québec, Conférences J A De Sève 13 14, Les Presses de l'Université de Montréal.

**Desrochers, Abbé René**
Le Sault-au-Recollet Paroisse de la Visitation 1736-1936. Montréal, 1936.

**Girouard, Desire.**
Lake St.Louis Old and New, Montreal, 1893.

**Gowans, Allan.**
Building Canada: an Architectural History of Canadian Life. Toronto, Oxford University Press, 1966.

**Gowans, Allan.**
Church Architecture in New France. New Brunswick, N.J., Rutgers University Press 1955.

**Lamarche, Rioux, Sévigny.**
Aliénation et idéologie dans la vie quotidienne des Montréalais francophones. Montréal Presses de l'Université de Montréal, 1973.

**Marsan, Jean-Claude.**
Montréal en évolution. Historique du développement de l'architecture et de l'environnement montréalais. Montréal, Fides, 1974.

**Maurault, Olivier.**
Marges d'histoire (vol. 2). Montréal, Librairie canadienne-françaises, 1929.

**Morisset, Gérard.**
L'architecture en Nouvelle-France. Québec, 1949.

**Rumilly, Robert.**
Histoire de Montréal. 3 col. Montréal, Fides, 1970.

**Shoenauer, Norbert.**
Architecture Montréal. Montréal, 1967.

**Stanislas, F.S.C.**
Historique de Ville La Salle. L'ancien Lachine. Montreal, 1950.

**Tangue, Raymond.**
Géographie humaine de Montréal. Montréal, Librairie d'action canadienne-française, 1928.

**Traquair, Ramsay.**
The Old Architecture of Quebec. A Study of the Buildings Erected in New France from the Earliest Explorers to the Middle of the Nineteenth Century. Toronto, The MacMillan Company of Canada Ltd., 1947.

**Trépanier, Léon.**
Les rues du Vieux Montréal au fil du temps, Fides, 1968.

**Van Ginkel, Blanche** (responsable de la publication).
Architectural Design, juillet 1967, numéro spécial sur Montréal.

# Crédits de photos

P. 7. (en haut, à gauche) Thom Burston
P. 7. (en bas) C.T.C.U.M.
P. 11. Ville de Montréal
P. 13. (en bas) Ville de Montréal
P. 22. (en haut, à gauche) Lockwook Survey
P. 22. (en haut, à droite) Sylvain Archambault
P. 22. (en bas, à gauche) Montréal Star - Canada Wide

P. 27. Thom Burston
P. 29. S.C.H.L.
P. 37. (en haut) Musée McCord
P. 45. (en bas à droite) Ville de Montréal
P. 54. (en haut, à gauche), David Miller
P. 54. (en haut, à droite) David Miller
P. 103. André Lafrance
P. 108. (en bas, à droite) Université de Montréal
P. 123. (en haut) Lockwook Survey
P. 123. (en bas, à gauche), Michel Proulx
P. 123. (en bas, à droite) Ville de Montréal
P. 125. C.T.C.U.M.
P. 126. Ville de Montréal
P. 128. Ville de Montréal
P. 130-131. Thom Burston
P. 133. Thom Burston
P. 145 Christopher Payne
P. 156-167. Phyllis Lambert et Richard Pare

ACHEVÉ D'IMPRIMER
EN JANVIER 1975
SUR LES PRESSES DE
PAYETTE & SIMMS INC.
À SAINT-LAMBERT, P.Q.